Wahr sind nur die Erinnerungen

Hans H. Paul Naumann

Wahr sind nur die Erinnerungen

Für Tage, an denen gar nichts geht...

Bibliografische Information der Deutschen
Nationalbibliothek: Die Deutsche Nationalbibliothek
verzeichnet diese Publikation in der Deutschen
Nationalbibliografie; detaillierte bibliografische
Daten sind im Internet über http://dnb.dnb.de
abrufbar.

© 2020 Hans Naumann

Illustration: Hans Naumann

Herstellung und Verlag

BoD–Books on Demand, Norderstedt

ISBN 978-3-7519-0684-5

Inhalt

Prolog

Es klingelt. Vor der Tür steht ein Mann mit einem Paket. „Für mich?" frage ich neugierig und nehme es dann quittierend in Empfang. Selbst zwei Tage vor Weihnachten erwarte ich keine Post, es ist nicht meine Jahreszeit, ich bin Segler. Ich hab´ auch nichts bestellt, trotzdem reiße ich es auf. Ziemlich schwer das Ganze, sicher eine Verwechslung. Dann kommen sie zum Vorschein, vier Flaschen Dresdner Glühwein, also kennt mich der Absender. Ich schaue auf den Karton – die Sendung kommt von Andreas und Sabine mit dem begleitenden Text: „Für Tage, an denen gar nichts geht."

Nun freue ich mich tatsächlich und es ist ein bisschen wie Weihnachten. Die letzten Wochen habe ich das kommende Jahr geplant, genauer gesagt die nächsten Törns. Segler kennen das, zum Chartern wird das perfekte Schiff gesucht, denn natürlich will ich den Frühbucherrabatt noch mitnehmen, gerade weil es mein letzter Törn ist. Der Letzte? Seit fünf Jahren segle ich jetzt den letzten Törn, sage mir immer, man muss ja mal aufhören. Leider glaubt mir das keiner, obwohl es nach über 40.000 Seemeilen an der Zeit wäre. Die Wirtin im „Cutty Shark" in Porto Azzurro lacht jedes Mal ungläubig, wenn sie mich sieht und auch Stjepan in der „Konoba Kopac" auf Cres in Kroatien winkt lächelnd ab und mein Abschiedsgeschenk nimmt er wortlos, wie die fünfmal vorher.

Es ist so schwer, aufzuhören, wenn man so viele Tage und Nächte auf See verbracht hat, so viele Erlebnisse auf den Törns hatte, wenn bei einem Blick in eines der vielen Logbücher tausend Erinnerungen kommen. Und da sind ja auch noch meine Freunde, der Schotte John und der Norweger Erik. Mit denen habe ich vor fünf Jahren einen Blauwasser-Langtörn gemacht. Wir haben uns verspro-chen, uns mindestens alle vier Jahre in Dublin zu treffen. Als es dann soweit war und wir uns wiedersahen, konnten wir es nicht lassen. Wir wollten wieder segeln.

Aber diesmal ist es wirklich das letzte Mal, danach schreibe ich ein Buch über diesen letzten Törn und schicke es Andreas und Sabine. Oder?

Der Glühwein war wirklich gut.

Das Wiedersehen

Vier lange Jahre habe ich mich darauf gefreut, meine Segelkameraden John und Erik wieder zu sehen, die Trennung damals am Hafen von Triest war ziemlich abrupt. Erik traf zufällig und völlig unvorbereitet seinen Sohn, der viele Jahre nichts von ihm wissen wollte und John hatte in Triest eine neue Liebe gefunden.

John hatte ich in Aberdeen kennengelernt, als er die Yacht seines verstorbenen Vaters, eine Royal Huisman 51, verkaufen wollte und ich eine Yacht suchte, seine aber nicht bezahlen konnte. Wir wurden uns schnell einig, er behielt sein Schiff und ich segelte mit ihm durch den Caledonian Kanal in die Irische See nach Dublin. Dass wir unterwegs Erik in letzter Minute aus Seenot retten würden, war mehr als ein Zufall. Es war das, was man Schicksal nennt, denn Erik war allein unterwegs und ging beim Segelwechsel über Bord. Für uns zwei, John und mich, die wir einen dritten Mann als Wachgänger für den Langtörn suchten, war es ein Geschenk, zumal sich später herausstellte, dass Erik ein exzellenter Seemann ist.

So segelten wir von Dublin nach Palos in Portugal, dann nach Syrakus und um den italienischen Stiefel in die Adria bis nach Triest. Dabei retteten wir eine holländische Familie in Seenot aus dem Schlauchboot. Sie hatten ihre brennende Yacht verlassen müssen. Und bei Brindisi hat es mich dann selbst fast erwischt, kaputte Galle bei Wind 7 raumschots. Dank eines Rescue-Helikopters konnten mir die italienischen Ärzte das kaputte Teil entfernen.

und wir drei hatten noch ein paar schöne Tage auf der Adria. Jetzt könnt ihr sicher verstehen, warum ich mich aufs Wiedersehen freue.

Wir hatten beim Abschied in Triest vereinbart, uns alle vier Jahre in Dublin zu treffen. Aber ihr wisst ja wie das ist, schon nach zwei Jahren kroch die Sehnsucht nach einem Wiedersehen an uns hoch, zuerst meldete sich John auf der Rückreise von einem Törn zu den Lofoten, ein andermal war es Erik, mit seinem Sohn gerade auf Trampfahrt.

Also verabredeten wir uns in Dublin.

Naja, ich werde die zwei ja wohl wiedererkennen, vier Jahre sind ja überschaubar. Wir treffen uns am Mittwochabend in Dublin, mittwochs sind die Fähren nicht so voll, dort wo sich Erik entschlossen hat, mit uns zu segeln,

Dann ist es Mittwoch.

Kaum angelegt gehe ich von Bord und bummle durch den Hafen.

Hier wo es nach Öl und Rost riecht, nach Salz, Fisch und faulendem Holz fühle ich mich wohl.

Es ist nicht nur der Geruch, auch das Kreischen und Quietschen der Kräne, das Klirren von Ketten und ab und zu ein fernes Typhon, das alles hat mir gefehlt. Nun bin ich ja hier. Ich schlendre noch etwas auf den Quays und schaue mir alte Yachten an. Dann wird es Zeit zum Treff zu gehen.

Ausgemacht ist „Lanigans Pub Eden Quay" im Zentrum von Dublin am River Liffey.

Werden sich meine zwei Freunde sehr verändert haben?

Ich stehe vor dem Pub und hoffe, dass uns noch derselbe Barmann wie damals bedient. Wir hatten viel Spaß, besonders zwischen 3 und 4 Uhr nachts.

„Last Order" gab es damals schon lange nicht mehr.

Hoppla, das war die erste Stufe.

Als ich aufschaue, steht er auf der oberen Stufe vor mir, Bruce der Barmann. Ehe ich etwas sagen kann begrüßt er mich: „Hans, schön dass Du wieder mal nach Hause kommst."

Da stehe ich nun und habe Gänsehaut, was für ein saustarkes Willkommen, hätte ich nicht gedacht. Ein Handschlag, fünf Schritte und ich stehe im Raum, gehe zur Bar, wohin denn sonst, ich suche ja John und Erik.

Als wir uns sehen umarmen wir uns wortlos, wie damals in Triest beim Abschied, nur dass wir heute den ganzen Abend für uns haben und vielleicht noch ein paar Tage.

Plötzlich steht eins von den schweren Gläsern vor mir. Ich schiebe meine Nase in Richtung Glas, natürlich „Bushmills" was sonst, auch meine Whiskeysorte hat sich Bruce gemerkt. Wahnsinn.

John brummte etwas, was wie „es wurde auch Zeit"
klang und Erik nickte nur.

Dann kommt die erwartete Frage: „what are you
doing last years?" Was soll ich schon getan haben,
natürlich segeln, Dänemark, Holland, Schottland
und einmal rund Korsika, keine Langtörns, aber
eben segeln, keine besonders aufregenden Sachen.

Außer vielleicht der Schirokko südlich von Elba, bei
dem ich mir das Genick angebrochen habe, zwei
halbe Wirbel fehlen seitdem.

„Segelst Du noch?" frage ich John.

„Was sonst" entgegnet er gesprächig. Das sind jetzt
schon fünf Worte, mehr wird er wohl heute nicht
sagen, aber an seinen Augen kann ich sehen, dass er
sich freut.

Und er hat ja Recht, hier gibt es nichts zu tun außer
trinken, keine Halse, keine Wende und kein
Segelwechsel und alles was gesagt werden muss,
haben wir uns damals auf See gesagt und von der
Seele getrunken. Nachdem wir den Affenfelsen
gerundet hatten und Gibraltar achteraus
verschwand, wussten wir alles voneinander. Also
„Sláinte" (zum Wohle) und hinunter mit dem Zeug.
Als der Whiskey über die Zunge rinnt wird mir
wohlig warm. Jetzt noch Musik und „...das Leben hat
wieder Gin", wie mein Freund Mike oft sagt. Nur
Erik hat noch gar nichts gesagt, so wie ich ihn kenne
spricht er, wenn es an der Zeit ist. „Hey Bruce, gibt
es heute Musik?" rufe ich über die Bar.

„Als ich Dich kommen sah, hab´ ich die Jungs
angerufen. Es geht gleich los." sagt Bruce und fragt
„Willst Du nicht erst was essen?"

Und ob, ich bin hungrig wie ein Löwe.
„Cottage Pie oder Irish Stew?"
Ich nehme das Stew und erinnere mich, dass es schon damals Weltklasse war, Lammfleisch, Zwiebeln, Karotten, Weißkohl mit Lorbeer und viel Kümmel. Aber erst noch drei „Bushmills". Man ist der Whiskey gut, war ich aber auch, als ich 20 Jahre alt war. Den Preis will ich gar nicht wissen, was ich wissen muss, schmecke ich. Sláinte.

Ich, an einem guten Tag beim Anlegebier im Buscherump, dem warmen blauweißen Unterziehpullover der Marine

Gerade denke ich, wo bleiben denn die Jungs von der Band, da fängt Erik leise an zu summen.
Das ist nicht der Whiskey, denke ich, er fühlt sich einfach wohl. Und dann singt er wie damals, als wir ihn aus der Irischen See zogen.

I`m the son of the son of a sailor,
and I spend all my time on the sea........

Während er singt kommen die Instrumente zur Tür herein. Die Pipes grüßen freundlich, der Drummer hebt den Daumen und die Fidel winkt fröhlich.

15

Da kommt auch mein Stew. Knackig und heftig gewürzt, wie ich es liebe. Das Lammfleisch saftig und schön heiß. John meint, wir sollten zwischendurch mal ein Bier trinken. Das muss Bruce gehört haben, denn sofort stehen drei schwarze Stout auf dem Tisch. Die Fidel beginnt zu wimmern, das Bier ist zu warm und der Whiskey ist zu kalt.

Es gibt Tage, da geht nichts...Aber heute passt alles.

„Was solls", sagt Erik, „die See mag uns, sonst säßen wir heute nicht hier. Erinnert ihr euch an die Biskaya, als wir erst drei Tage gegen an knüppelten und zwei Tage später die Holländer von der brennenden Yacht aus ihrer Rettungsinsel bargen?" Das wird wohl keiner von uns jemals vergessen, als wir die durchgefrorenen Kinder und dann ihre Eltern an Bord nahmen.

Ob sie in Holland noch manchmal an ihre Retter denken? Vielleicht melde ich mich mal bei ihnen.

Die Instrumente haben sich inzwischen eingestimmt, die Pipes beginnen und die Fidel fällt ein.

Da mein Stew vertilgt ist, bitte ich Bruce nachzusehen, ob noch etwas von dem schwarzen Stout im Fass ist.

Lachend kommt er mit drei großen Gläsern zurück, diesmal ist es kalt. Jetzt ist Zeit zum Reden.

Erik beginnt mit seinem persönlichen Rückblick. Seit er vor fünf Jahren seinen Sohn Marc in Triest wieder getroffen hat, sind sie in ständiger Verbindung. Marc fährt immer noch auf den großen Tankern seiner Reederei. Immer wenn er in Norwegen Landgang hat, besucht er Erik. Nur Eriks Frau ist nicht wieder aufgetaucht. Gut, sie hat ihn damals verlassen, als er zu lange auf der Ölbohrinsel gearbeitet hat.

Aber sie hätte sich ja in den fast zehn Jahren mal melden können. So sucht Erik immer noch nach seinem passenden weiblichen Gegenstück. Er ist nun auch nicht gerade sehr kommunikativ, vorsichtig ausgedrückt. Sollten wir vielleicht nachhelfen?

John behauptet von ihm gäbe es nichts Wesentliches zu berichten. Dabei erleben wir beide einen anderen John als vor zwei Jahren, nicht mehr so nachdenklich mit traurigen Phasen.
Heute sieht er gut aus. Wir lassen nicht locker, bis er uns von Joaquina erzählt, die er damals in Triest kennen gelernt hat. Sie arbeitete an der Rezeption der "Trattoria Nerodiseppia" in Triest und bewirtschaftet gleichzeitig den Seglerhafen. Wer schon mal in Triest angelegt hat, kennt diese Bar. Bei der Liegeplatzreservierung fragte sie John nach dem Schiffsnamen, worauf er sie nach ihrem Namen fragte. Er war von Joaquina echt beeindruckt, blieb noch ein paar Wochen in Triest und danach ging sie mit ihm nach Schottland, wo sie jetzt zusammenleben. Wie sich alles ändert.
Wir waren damals drei kaputte Typen, die mit der Welt nur klarkamen, wenn sie auf See waren. Ich denke, der damalige Langtörn hat uns sehr geholfen, die Schatten unserer Vergangenheit im Atlantik zu versenken.
Nach den tragischen Umständen des Todes meiner Frau, mit ihr war ich 52 Jahre zusammen, hat es das Schicksal gut mit mir gemeint. Die Enttäuschung nach dem Verrat einiger „Kameraden" ist inzwischen auch verflogen, ich habe eine neue Liebe gefunden. Ich hoffe mit Viola meinen 100sten Geburtstag auf See feiern zu können. Dann kann mich der Teufel getrost holen, wenn er es nicht tut wer dann?

Denn in der Hölle treffe ich mit Sicherheit meine besten Kameraden und einige der wilden Mädels von damals und wir werden sicher viel Spaß haben. Am Ende meines Berichtes haben John und Erik herzlich gelacht. „Wir sind dabei," rufen beide wie aus einem Mund. Naja, für die Hölle sind sie noch zu jung, denke ich. Dann kommt die Frage von John, die ich erwartet habe: „Hast Du etwas von Molly gehört". Natürlich nicht, habe sie nur zweimal in Waterford in „Jordans Bar" zufällig getroffen, aber sie ist eine der wenigen Frauen von meinen Affären, mit der ich nicht gefrühstückt habe, ich kenne ja nicht mal ihren richtigen Namen und wo sie wohnt weiß ich also auch nicht. Aber die Stunden mit ihr bei „Jordans" sind unvergesslich. Vielleicht sollte ich nach dem Treffen hier mal in Waterford aufkreuzen, in Jordans Bar.

So, nun haben wir vor lauter Reden das Trinken vergessen. Ich bestelle drei Gläser ehe „Bushmills" uns die lange Pause übelnimmt, wir sind ja nicht nur zum Vergnügen hier. Sláinte.

Wir drei Albatrosse sitzen hier am Tisch in Dublin und sind dabei, unseren vorangegangenen Langtörn vor zwei Jahren zu vergolden. Sind wir im Ruhestand?

„Was bedeutet dieses Wort?" fragt mich John scheinbar empört. Recht hat er, es gibt keine Seglerrente, schon gar nicht für uns.

„Wir könnten doch nochmal gemeinsam nach Waterford segeln. Mein Schiff ist zwar älter aber nicht schlechter geworden", setzt John hinzu.

Nochmal einen Schlag zusammen segeln? Der Gedanke fährt mir wie ein Stromschlag in die Knochen.

Es sind ja nur knapp 100 Seemeilen, aber ein bisschen Angst um meine Erinnerung habe ich doch.
Molly ist ja auch älter geworden, denke ich, aber laut höre ich mich sagen „Ich bin einverstanden."
Erik brummt nur etwas wie …keine Zeit …. und …Hühner füttern……Aber als er merkt, dass wir es ernst meinen, stimmt er doch noch zu. Zu allem Überfluss spielt die Band jetzt „Molly Mallon".
Es folgt „red ist the rose", unser Lieblingslied. So schnell wie der nächste Whiskey kommt, ist er auch weg. Mein Kopf knallt auf die Tischplatte und auch Erik ist nicht mehr ganz nüchtern. Also Ruhe im Schiff. Bruce schließt ab.

Der Hafen von Dublin am Abend

Unsere heimliche Liebe Waterford

Wo kommt der Kaffeeduft her? Ich öffne ein Auge halb, dann ganz und total überrascht auch noch das andere.
Wir drei Komiker sitzen immer noch um den großen runden Holztisch unweit der Bar und Bruce stellt uns gerade Kaffeetassen hin, volle duftende heiße Tassen.
Meine beiden freunde gucken mich ganz verstört an, Restalkohol verlangsamt ihre Bewegungen, dann strahlen sie plötzlich und ich begreife, sie erinnern sich an gestern.
Nach dem Frühstück bummeln wir erstmal durch Dublin, bis dieser Schmerz im Kopf langsam weicht, von dem wir nicht wissen, woher er gekommen ist. Die Salzchips sind sicher schuld.

Jetzt gilt es das Auslaufen vorzubereiten.
John hat noch genügend Verpflegung an Bord, sagt er. Als wir uns an Bord die Pantry ansehen, sind wir entsetzt, nur Cornedbeef und Hartbrot. Die leeren Whiskeyflaschen helfen uns auch nicht weiter, also einkaufen gehen.
Eine Kiste Äpfel, Wasser in Flaschen, Reis, Bohnen und zum Schluss das Wichtigste, Whiskey und Red Ale. Der Wetterbericht beschert uns moderate Winde aus Nord, gut für uns. Die hundert Meilen sollten in zwanzig Stunden zu schaffen sein.
Wie wir so darüber reden, nimmt die Unruhe zu. Es ist als ob uns etwas ruft, unhörbar aber nicht zu überhören.

Eine Frage von Erik, die unaufgeregt klingen soll, zeigt die Anspannung: „Wann geht es eigentlich los?" Selbst die Fender werden unruhig, sie knarren und quietschen im leichten Schwell des Hafens. Also dann soll es so sein.

Es ist später Nachmittag als die Festmacher ins Hafenbecken klatschen. Die Maschine lässt ein leises zufriedenes Blubbern hören. Wir sind los. Langsam schiebt sich unsere Yacht CARY auf dem River Liffey stromab.
Motorboote überholen uns, der Skipper einer einlaufenden Segelyacht ruft „Good luck" herüber, wir sitzen staunend auf der Back und das Herz wird weit. Eigentlich ist es wie immer, wenn die Enge hinter uns liegt. Wie viele Häfen haben wir gemeinsam aufgesucht und wieder verlassen? Das Gefühl ist immer das Gleiche.
Es ist als ob Ketten abfallen, Zwänge nicht mehr da sind, der Körper leicht wird, wie schwebend. Dass selbst dieser kurze Törn dieses Gefühl hervorruft, erstaunt mich sehr. Aber vielleicht ist es auch nur die Vorfreude auf Waterford. He, Alter, du vergisst Molly, sagt etwas in mir. Natürlich, aber ob ich sie finde steht in den Sternen, wäre Zufall.
Oder Schicksal?

Schon liegt Poolbeg Lighthouse Steuerbord achteraus und wir setzten die Segel. Das geht wie früher ohne ein Wort und schon steigt das weiße Tuch in den blauen Nachmittagshimmel. Die Maschine schnauft noch einmal zufrieden, begibt sich dann wieder zur Ruhe und die Welle schiebt leicht von achtern als wir unseren Kurs auf Südwest ändern. Hurra, wir segeln!

Es sind nur vier Knoten über Grund, aber wir segeln. Erik kommt aus dem Niedergang und hat für jeden von uns eine Mug Irishcoffee dabei. Mit ein kleinwenig Whiskey, nicht mal 50%.

Dabei denke ich wiedermal an meinen Freund Mike, er würde dazu sagen: „Jetzt hat das Leben wieder Gin." Und Recht hat er, das Bordleben hat für ein paar Stunden wieder begonnen. Ich sehe mir die Seekarte und den Wetterbericht an, Erik macht rote Bohnen zum Abendessen und John summt leise vor sich hin.
Nach etwa einer Stunde, als ich die erste Wache übernehme, senkt sich das blaue Tuch der nahenden Nacht über die See und unsere CARY. Obwohl die Küste nach westsüdwest ausweicht, halte ich den alten Kurs noch eine Weile, die Nehrungsströmung würde uns sonst entgegen-stehen.
Diese Momente liebe ich, wenn sich die Yacht mit dem Atmen der fast achterlichen Welle hebt, dann beim Ausatmen schneller wird, später die samtene Nacht das Restlicht verschluckt und nur weit entfernt an Land ein paar einzelne Lichter zu sehen sind.

Es wird Zeit, parallel zur Küste zu segeln. Diese kleine Kursänderung auf 240 Grad hilft sofort dem Log auf die Sprünge, es zeigt jetzt 6 Knoten an. Allzu nah zum Land möchte ich nachts aber auch nicht kommen, jeder Segler kenn ja den Spruch: „Das gefährlichste am Meer ist die Nähe zum Land".
Auf dem Kurs könnten wir um die Mittagszeit in Waterford sein. Nulluhr werde ich John wecken und mich in die Koje verholen.

Ein Rumpeln an der Backbordseite erregt meine Aufmerksamkeit. Es war aber nur eine leere Flasche, die jetzt im schwachen Mondlicht achteraus davondümpelt. Leere Flaschen sind mir schon immer ein Graus.

Was erwartet uns in Waterford? denke ich noch, da ist John schon neben mir. Ich zeige ihm Logbuch und Standort in der Seekarte, koche ihm noch einen starken Kaffee und liege kurz darauf in der Koje.
Als es im Cockpit poltert, wird gerade die nächste Wache übergeben, also 04.00 Uhr. Erik wird bis 08.00 Uhr das Schiff führen und mit einem beruhigenden Gefühl schlafe ich nochmal ein.

Mit dem ersten Rot am Himmel bin ich wieder wach, stecke meinen Kopf unter die Heckdusche, setze dann das Kaffeewasser auf und bereite das Frühstück vor. Die See ist rundum leer. Wir drei sitzen im taufeuchten Cockpit, wärmen uns die Hände an den heißen Tassen und frühstücken. Ein neuer Tag hat begonnen, wohl für lange Zeit der letzte gemeinsame.
Wieder ist es John, der gedankenverloren zu sich selbst spricht „Eigentlich wollte ich ja irgendwann mal nach Hamburg segeln".
„Ja, Hamburg ist schön" sagt Erik. Dann ist wieder Ruhe, jeder hängt seinen Gedanken nach. Nach einer Weile ist es wieder John, der gedehnt „Hamburg..." haucht.
„Sind wir nicht schon unterwegs?" fragt Erik.
„Ja, wir sind schon unterwegs nach Hamburg" sagt John plötzlich, „allein würde mir das keinen Spaß machen, aber wenn ihr unbedingt wollt" dreht er den Spieß um.

Unglaublich, denke ich und freue mich auf Hamburg.
Inzwischen ist es fast Mittag geworden. Nach der
Seekarte müssten wir vor der Einfahrt in den Suir
River stehen. Ich suche die Ansteuerungstonne und
fahre nach Sicht bis wir das Feuer der Einfahrt
passieren. Dann motoren wir den Fluss aufwärts
zum Waterford Harbour

Da liegt er vor uns, der Hafen von Waterford. An der
Seite zur Stadt ist an der Kopfseite eines Anlegers ist
noch ein Platz frei. Als die Leinen über die Poller
fliegen steht die Sonne im Zenit. Wir gehen über den
Steg an Land und bummeln über die Quays zur
Altstadt. An der Bude mit fish and chips kommen wir
nicht vorbei. Schön hier in der Sonne zu stehen und
die Passanten zu beobachten, eilige Händler,
flanierende junge Pärchen und Stauer vom Hafen.
Es riecht nach verbranntem Öl in der salzigen Luft.

Am schönsten sind die Hafengeräusche, hier wird noch mit Ladebäumen gelöscht. Noch ein paar Schritte, da vorn ist schon Jordans Bar. Aber wir gehen vorbei, es ist noch zu früh. Der Barmann hat uns entdeckt und winkt durch Fenster. Als wir stehen bleiben kommt er zur Tür. „what´s the matter? Come in, John my friend" ruft er. John winkt ab und sagt nur „Später". Ein zufriedenes „right" kommt aus der Kehle des Barmanns, dann verschwindet er wieder in seinem Laden und wir bummeln weiter.

An der nächsten Ecke steht eine Gruppe von Leuten um einen jungen Mann, der auf dem Pflaster kniet. Aus vielen bunten Muscheln und vom Meer rund geschliffenen Steinen hat er auf dem Boden ein vielfarbiges Mosaikbild gelegt, er sitzt bestimmt schon Stunden hier. Auf dem kleinen Säckchen, in dem wohl die Muscheln transportiert worden sind, liegen ein paar Münzen.

26

Wir legen noch etwas dazu. Er nickt freundlich und legt weiter seine Muscheln. Etwas abseits steht eine nicht mehr ganz junge Dame mit einem koketten Lächeln. Als wir weiter gehen, schaut sie uns mit einem leichten Hüftschwung herausfordernd an, mit einem flotten Spruch lehnen wir dankend

Inzwischen gehen die ersten Lichter an und der „vierte Mann" schließt sich uns an, der Durst. Also langsam zurück zu Jordans Bar. Die Fassade aus dunkelrotem Holz und viel Glas leuchtet uns schon entgegen. Dann stehen wir im Raum, es ist alles wie immer. Die sechseckigen Tische in den Nischen, die mit rotem Leder bezogenen Holzstühle, ein paar Gäste an den Fenstertischen zur Straße und dann noch der mit den Gläsern klappernd Barmann. Er zeigt zufrieden mit einem breiten Grinsen ins Regal über ihm, auf die Flasche mit dem „Busmills".

Erstaunlich, nach zwei Jahren hat er unsere Whiskeysorte nicht vergessen.
An der Bar steht nur eine Person.

Als der Barmann leise ein paar Worte sagt, die ich nicht hören kann, dreht sich die Frau um.

Ich stolpere vornüber und falle direkt in Mollys Arme. Wir halten uns sekundenlang fest und ich rieche den Duft ihrer Haare. Verständnislos schau ich den Barmann an. Als der den Daumen hebt, verstehe ich, er hat die Zeit genutzt als wir bummeln waren und hat Molly angerufen, dass ich da bin. Ich werde den Mann für einen Stern auf dem walk of fame vorschlagen. Sie lässt meine Hand nicht los, ihre Augen sind unglaublich jung und strahlen mich an.

So habe ich sie hier das erste Mal gesehen, vor 18 Jahren. Heute ist sie noch schlanker geworden und leicht grau im Haar.

„Trinkst du noch Stout?" fragt sie mich.

„Wenn es schwärzer als meine Seele ist, gerne" antworte ich scherzend.

Da stehn´ die Gläser schon vor uns. „Noch zwei für meine Freunde" bitte ich. Auch dieser Wunsch wird schnell erfüllt. Dann tauchen wir zwei wieder in die Vergangenheit.

„Ist es nicht seltsam, dass sich unsere Wege zum dritten Mal kreuzen, obwohl wir fast nichts voneinander wissen?" stellt sie fragend fest.

„Das erste Mal war es Zufall, das zweite Mal war es John und diesmal der Barmann, nenn es doch Schicksal. Es gibt Tage, da geht nichts... und manchmal alles. Für diese Tage leben wir" sage ich zu ihr. Ist es der Rauch der Kneipenluft oder ist es eine Träne unter ihrem Auge?

„Lass uns auf das Schicksal trinken" sagt sie.

Wo kommt denn plötzlich die Musik her?
Erst jetzt nehme ich dieses Stampfen und die Pipes und Drums wahr, sicher ein gälisches Volkslied. Einige Gäste singen schon mit. Es wird immer voller an der Bar. Da steht schon wieder ein Liter schwarzes Stout in zwei Gläsern. Sláinte. Das Blut schäumt donnernd durch die Adern als unsere Körper sich beim Tanz berühren. Und das tun sie immer öfter. John prostet uns zu und ruft, ich solle nicht zu spät zum Frühstück kommen. Alles wird gut, denke ich. Wir tanzen, trinken und schweigen. Warm spüre ich ihren Körper, mit ihrem Kopf an meiner Schulter stehen wir langsam tanzend dicht neben den pipes.

Mein leichtes Kopfnicken in Richtung Barmann beschert der Band eine Runde Red Ale. Dafür spielen sie unser Lieblingslied.
Wir tanzen und die Band spielt „red ist the rose... , dabei wird mir immer heißer und Molly schaut das erste Mal zur Tür. Es ist Zeit zum Abschied.
Ich umarme sie noch einmal.
„Lache, lebe, liebe, nutze Deine Zeit liebe Molly oder wie immer Du heißt."
Sie küsst mich auf die Wange und flüstert mir ins Ohr: „Was im Leben wirklich zählt, ist die Intensität deines Lebens, nicht die Dauer. Denke immer daran."
Dann huscht sie zur Tür, ist plötzlich verschwunden.
Ich taumle zum Tisch meiner Freunde. „Einen letzten Whiskey?" fragt Erik.
Sucht der Streit? denke ich, was soll ich denn sonst trinken und bin fast wieder nüchtern.
Wir drei machen uns auf den Weg zum Schiff. Die Straßen sind viel enger als heute Nachmittag.

Wir umkreisen einige Straßenlaternen in ihrem Lichtkegel auf dem Pflaster, kommen an mehrere Straßensperren die aussehen wie Gartenzäune und sind plötzlich am Hafen. An unserem Schiff brennt Licht und wir schleichen uns an. Nein, es ist nur die Spiegelung der Hafenlaterne im Wasser. Beruhigt entern wir die Laufplanke und sinken auf die Bänke im Cockpit.

„Noch einen Absacker?" höre ich von Ferne, dann habe ich Freiwache unter dem Sternenhimmel Irlands.

Noch immer kreisen meine guten Gedanken um Molly. Oder ist es Celina, die junge Hafenmeisterin, die in Cittaveccio die ganze Nacht mit mir am Strand getanzt hat. Später habe ich ihr ein Gedicht geschrieben, vielleicht hat sie es erhalten und denkt manchmal an mich.

Für Celina

Ich traf Dich am Rande des Meeres,
der Abend war sonnenwarm schön.,
Wir gingen entlang des Strandes,
ich hab´ Dich nicht wieder gesehn´.

Ich traf Dich noch oft im Traume,
Ein Sonnenkind, zauberhaft lieb,
Wir lagen im heißen Sande,
Bis der silberne Mond uns vertrieb´.

(Hans N.)
Vom Knarren der Leinen auf den Pollern werde ich wach, blubbernd und schmatzend steigt die Flut in

den Suir River. Das Deck glänzt noch vom Morgentau, aber die Sonne wärmt mich schon. Mich? Neben mir halb liegend sehe ich John und Erik, nein, nicht beim Morgengebet, sie schlafen noch. Wahrscheinlich haben sie wieder zu viel Alkohol getrunken. Für mich ist das nichts, ich habe mit dem Hämmern im Kopf genug zu tun. Da hilft nur die frische Brise der Irischen See. Als ich den Kaffee fertig habe, schaut Johns Kopf schnüffelnd durch den Niedergang. Mit der großen Tasse in der Hand sehen John und Erik schon viel munterer aus. Als sie von einer Flasche ABERLOUR-Whisky berichten, wird mir alles klar. Sie haben die Getränke gewechselt, als ich mit Molly tanzte. Unglaublich, ich kann doch auch nicht unterwegs auf See das Schiff wechseln. Nach der zweiten Tasse Kaffee beginnt sich ihr Gesicht wieder zu straffen und sie sehen aus wie immer. Es geht auf See

Der Fischerei-Hafen von Waterford am Suir River

Wo liegt eigentlich Le Havre?

Bevor die Leinen eingeholt werden, besprechen wir die Route. Wenn wir nach Hamburg wollen, müssen wir die Biskaya streifen, Lands End runden und den Englischen Kanal queren. Der nächste Hafen wäre dann Le Havre oder wir segeln weiter bis Friesland.

„Wo liegt eigentlich Le Havre?" fragt Erik scherzhaft. Er ist immer nur zwischen Norwegen, Afrika und der nordamerikanischen Ostküste gependelt. Und natürlich war er schon mal in Le Havre. Wir haben je nach Windrichtung etwa 350 Seemeilen vor uns. Der Wetterbericht für den Englischen Kanal spricht von Wind aus Nordwest der Stärke fünf mit gelegentlichen Schauern. Bei uns scheint noch die Sonne, also los.

Auf den Stufen zum Anlegeplatz sitzt ein junger Mann mit einer irischen fiddle, einem traditionellen Instrument, das aussieht wie eine Violine, aber die einzigartige Spielweise und ihr Klang machen sie zu einem ganz besonderen Instrument. In der traditionellen Musik hört man die hohen Töne oft aus allen anderen Instrumenten heraus. Ihr Klang kann ebenso euphorisch wie herzzerreißend sein.

Der junge Mann, vermutlich ein Student, spielt uns ein irisches Lied zum Abschied, das Lied ist traurig und gleichzeitig kraftvoll. Ich bitte ihn, bei unserem Ablegen zu spielen und bedanke mich mit 10 Pfund.

Als wir den Suir River verlassen, spüren wir den harten Nordwest. Es ist kein schönes Steuern bei Backstagswind, aber man gewöhnt sich daran.
Der erste Tag auf See verläuft ruhig und Routine stellt sich ein. Als es leicht zu regnen beginnt, lächeln wir uns zu. Das ist unser Wetter.
Im Ölzeug warm verpackt werden nochmal die Lichter kontrolliert, Radar und Funk überprüft und die Wegpunkte für die Nachtfahrt festgelegt.

Als der große Meister dann das Licht ausknipst, sitzen wir noch lange im Cockpit und genießen die aufziehende Nacht. In der Ferne sehe ich an Backbord drei weiße Lichter über rot. Ein großer Frachter läuft auf Gegenkurs mit etwa zwei Meilen Abstand an uns vorbei.
Wie mag Molly den Tag eins nach unserem Wiedersehen verbringen? Sie hat natürlich Recht, die Intensität zählt, nicht die Dauer. Einen ähnlichen Satz habe ich schon mal gehört, ich glaube von meinem Lieblingssänger Jacques Brell, der auch meine Version von „Amsterdam" singt.

Heute kann ich noch ein bisschen träumen, Erik hat die erste Wache und ich die „Hundewache". Der Wind hat gedreht und kommt jetzt aus Südwest. Das Schiff liegt ruhig im Ruder, stampft aber leicht.
Kaum habe ich Nulluhr die Wache übernommen, höre ich ein Poltern im Vorschiff, wird sich wohl im Fenderkasten etwas gelöst haben. Dort in dem Raum, der nur vom Vordeck aus erreichbar ist, liegen die Fender, Eimer, Tauwerk und alle im Moment unnützen Dinge.

Am ersten Wegpunkt ändere ich den Kurs parallel zur Südküste Englands, die aber noch weit entfernt ist.

04.00 Uhr UTC übernimmt John dann die Wache. Ich habe keine Lust zu schlafen und beobachte das RADAR. Ganz weit entfernt, in ca.12 Meilen erkenne ich ein Echo, für uns keine Gefahr, das Fahrzeug ist zu langsam um in unsere Nähe zu kommen. Im Halbschlaf erwarte ich gemeinsam mit John den Morgen. Die See ist wieder ruppiger geworden und unser Bug stampft heftig. Dabei regnet es jetzt auch noch stärker. Erste Helligkeit macht sich auf dem Wasser breit   Ich schaue mit dem Fernglas in Richtung des RADAR-Echos. Nichts, nur die graue See.

Plötzlich sehe ich gar nichts mehr. Steht John vor meiner Linse? Nein, er ist neben mir und zeigt zum Bug. Da steht ein Mann, nein ein Wesen mit einem lang wehenden Bart, direkt neben der offenen Luke wo die Fender lagern. John reibt sich die Augen, ich fühle nach meinem Bordmesser, es ist da wo es sein soll.

Aber was ist das?

Ein zweiter Mann steht plötzlich wie geklont neben dem ersten. Ich wecke Erik und John übergibt das Ruder an den Autopiloten.

Der Langbärtige ruft uns fragend ein „Wohin?" zu.

Spinnt der, wir sind doch nicht der Linienbus.

Als Erik an Deck kommt entfährt ihm ein Fluch, ein Fluch auf Deutsch.

„Ach du heilige Scheiße, blinde Passagiere."

Das haben wir zwei inzwischen auch geschnallt.

Ich nehme an, die Schaukelei in der Irischen See hat sie aus ihrem Versteck getrieben.

Der Bart kommt näher und fragt nochmal „Wohin?"
Ich sage „La Havre"
Er sagt „O.k." geht zum Vordeck und steigt wieder hinab zu den Fendern. Das beunruhigt mich nun doch.
Der andere Typ kommt jetzt nach achtern.
„You´v zigaretts?" Das ist doch mal eine klare Frage.
John reicht ihm seine Schachtel. Der Typ nimmt zwei und sagt „One for James", alles klar, James ist der andere. Dann sitzt er eine Weile stumm rauchend neben uns. Was tun?

Als Skipper kenne ich natürlich die sog. Einschleichergesetze und weiß, wie mit blinden Passagieren zu verfahren ist.
„Passports?" frage ich deshalb vorsichtig.
Keine Antwort.
Dann fragt er wieder nach unserem Ziel. Wir wollen die Typen ja möglichst bald wieder los werden, also nenne ich Le Havre. Das scheint ihm gar nicht zu passen. Er steht auf und verschwindet im Vorluk bei seinem Kumpel.
Wir drei beraten uns. In Deutschland wäre das illegale Einreise und Beförderungserschleichung, der verantwortliche Schiffsführer müsste die Kosten für die Rückführung tragen.
Wie das in Frankreich ausgeht, wissen wir nicht.
Soll ich die Küstenwache verständigen? Oder einen Sicherheitsruf per Funk absetzen?
Zuerst will ich versuchen, mit den beiden zu reden.
Als ich den mit James bezeichneten Mann auffordere, an Deck zu kommen, weigert er sich. Doch dann kommen beide.
„Welche Nationalität?" frage ich. Britisch, ist die Antwort.

Vielleicht wollen sie deswegen nicht nach Frankreich. Und ich will keinen Ärger, möchte nicht die nächste Nacht Doppelwache gehen. Beim Blick auf die Seekarte erinnere ich mich an den Hafen Saint Peter Port auf Guernsey. Das ist schon lange her, aber ich werde wohl hinfinden. Ein sehr schöner Hafen, allerdings mit einem extremen Gezeitenhub von manchmal bis zu 10 Metern. Die Insel Guernsey ist britisch. Wir beraten uns kurz, dann frage ich James. Der berät sich mit dem anderen Typen und beide nicken, nicht gerade euphorisch.

James bekommt noch ein Päckchen Zigaretten und etwas Proviant sowie zwei große Wasserflaschen von John ausgereicht, dann haben wir wieder Ruhe.

Noch fast drei Tage bis Guernsey, wenn das Wetter sich hält. Wir müssen trotzdem wachsam sein, denn es ist nicht ungefährlich mit völlig Fremden. Wir wissen nicht, warum sie diesen Weg wählen.

Also machen wir zu zweit die Wachen, immer zwei Stunden versetzt. Karte zeigt mir, dass morgen Vormittag Lands End in Sicht kommen muss, das ist der südlichste Punkt Großbritanniens. Der Leuchtturm ist markant und weit zu sehen.

Dann können wir diese viel befahrene Ecke doch noch bei Tageslicht passieren. Ich schaue schon mal auf das RADAR und sehe einen Mitläufer weit hinter uns.

Er fährt den gleichen Kurs, will also auch in den Kanal. Soll ich ihn anrufen?

Lieber nicht, ich weiß nicht ob die bärtigen Jungs bewaffnet sind. Also weiter die Augen offenhalten.

Mir ist so etwas schon mal in der Ostsee passiert, war aber ganz harmlos.

Die Nacht verläuft ruhig.

Ein schöner Sonnenaufgang an Backbord verbessert unsere Laune. Wir haben uns schon 24 Stunden keinen Tropfen Alkohol gegönnt und müssen noch zwei Tage durchhalten. Um nicht überrascht zu werden, frühstücken wir im Cockpit. Alles bleibt ruhig, nur der Schiffsverkehr nimmt zu. Jetzt sehe ich auch den Leuchtturm von Lands End, Sehnsuchtspunkt aller Atlantiküberquerer.

Morgen um diese Zeit sind wir an der Tiefwasserrinne. Hoffentlich gibt es keinen Nebel, denn dort ist viel Schiffsverkehr.
Heute Abend macht uns Erik rote Bohnen mit mehreren Büchsen Corned Beef, schön dick und gut gewürzt. Hat er absichtlich zu viel gekocht?
John tut so als merkt er nichts, fragt aber: „Was machen wir mit dem restlichen Brei?"

Ich denke auch es kann ja nichts schaden, wenn wir uns gut mit den Typen stellen. Erik ist schon unterwegs und klopft auf die Luke.

Der Topf wandert hinein. Nach einiger Zeit bringt James den Topf zurück mit kurzem Dank. Dann sehen wir die Beiden auf der Luke sitzen und rauchen.

Das entspannt, auch uns. Erik kommt mit einer Mug Kaffee für mich und holt noch die anderen beiden für sich und John. Während ich mir die Hände wärme, trinkt John und grinst kurz darauf.

Ich hab´ es eigentlich schon geahnt, der Kaffee ist irisch, also mit Whiskey. Aber diesmal weniger als 50%, höchstens 40. Schmeckt trotzdem

.

Wir erzählen uns noch etwas, erinnern uns an damals, an Passage von Gibraltar, unseren 2-Tagesstopp in Syracuse, dann an die westlichste und kleinste der Liparischen Inseln, an Alicudi. Eine reine Vulkaninsel, ein Paradis am Ende der Welt. Und diese Italienerin Stella, die eigentlich Francesca heißt und mit dem 23 Jahre jüngeren Zlatko durchgebrannt ist, hier ihr Paradies gefunden hat.

Auch John erinnert sich an diese außergewöhnliche Frau, die freundlichen Männer auf der Insel und das leckere Moretti-Bier mit Zitronenblüten.

Wir sind jetzt im Englischen Kanal, früher der Alptraum aller Großsegler, als es noch kein RADAR und keinen Seefunk gab.

Strömungen, Gezeiten und Nebel machten das Navigieren sehr schwierig. Vor Lands End liegen ebenso wie vor den Goodwin Sands unzählige Wracks, über und unter Wasser, also vorsichtig navigieren.

Die nächsten 24 Stunden sind unspektakulär, kein Kollisionskurs, gute Sicht und ein frischer Wind raumschots.

Ebenso verläuft die nächste Nacht auf See, unsere beiden „Einschleicher" verhalten sich ruhig und wir freuen wir uns schon auf Guernsey. Da der Wind am Morgen nachlässt, wird es sicher noch ein langer Tag.

Deshalb muss ich doch den aktuellen Tidenkalender bemühen, denn da das Wasser mit bis zu 4 Knoten Geschwindigkeit abfließen wird, könnte der Gezeitenhafen nicht mehr erreichbar sein. Also startet John den Motor und mit 8 Knoten Fahrt nähern wir uns der Insel. Voraus liegt Saint Peter Port, ein sehr belebter Hafen.

Wir fahren nicht in den inneren Hafen, sondern ankern im Außenhafen in Erwartung des steigenden Wassers.

Unsere beiden Barttypen stehen schon bereit, das Beiboot zu besteigen. Mit fünf Personen leicht überladen rudert uns Erik zur Kaikante.

Wenn wir erwartet haben, dass die beiden nun verschwinden, sehen wir uns getäuscht. Da bis zum Hochwasser noch über 6 Stunden Zeit ist, machen wir einen ersten Hafenbummel, zu fünft.

Was machen wir abends? Ich frage einen Yachtie der aussieht als wüsste er wohin man hier geht: „Gibt es das „The Captain´s" noch?"

Er zeigt mit einer Handbewegung die Richtung an. Ich war 1998 hier, da wurde das Haus gerade von Ali und Collin de la Mare übernommen. Besonders das gute Essen und die Freundlichkeit haben mich damals beeindruckt. Tatsächlich finden wir es kurze Zeit später in den Gassen von Saint Martin.

Von außen sind die „Kapitäne" ziemlich nüchtern, aber innen!!

41

Ein Pub im traditionellen Stil mit warmen Teppichen und einer niedrigen Decke mit Eichenbalken, in der oberen Etage moderner.

Uns gefällt es hier unten besser.

Ob es auf den Inseln auch Bier gibt? Als ich bestellen will sagt James „Ist schon bestellt". Als ich unser Bier bezahlen will sagt James wieder "Ist schon bezahlt".

Nun bin ich doch überrascht. John hat bei ihm eine Handvoll Scheine gesehen und ich dachte, sie hätten kein Geld für die Überfahrt.

Nachdem wir uns zugeprostet haben habe, frage ich, warum sie nicht mit der Fähre gefahren sind, am Geld liegts doch wohl nicht.

Da sagt James trocken: „Macht mehr Spaß".

Viel spricht er wirklich nicht, drei kurze Sätze bisher.

Nun wissen wir es also, es macht mehr Spaß, Yachties zu erschrecken, als mit der Fähre zu fahren.

Noch eine Runde Inselbier und wir können schon wieder darüber lachen.

Wir hatten befürchtet, englisches Bier zu bekommen. Aber das Bier hier auf der Insel ist viel besser. Es ist zwar sehr britisch trocken, fast bitter aber auch sehr würzig. Es heißt „White Rock Wonky Donkey", also „wackliger Esel". Lustiger Name.

Dann bestellen wir das Essen. Dazu wieder so ein kurzer Satz von Jannis „Geht auf mich".

Ok, dann kann ich ja üppig bestellen, französisches Brot mit Olivenöl und Balsamico zum entre, dann gebackene Schmetterlingsgarnele, geräucherter Schellfisch mit Chilli Dipp und als Hauptgang das Filetsteak, alles für 38,- Pfund, die ja James bezahlen will.

Besser und preiswerter kann man nicht speisen. Nach einer Weile bringt uns Ali noch ofenwarmen apple pie, auch sehr britisch. Unsere beiden blinden Passagiere verabschieden sich, wir trinken noch ein Guinness und schütteln den Kopf über die zwei Komiker. Da wir noch etwas von der Insel sehen wollen, fragen wir den Wirt. Er empfiehlt uns Castel Cornet und das Victor-Hugo-Haus.

Als wir uns bedanken, unsere drei Guinness bezahlen und gehen wollen, macht er großen Augen und gibt uns die Rechnung über 352 britische Pfund. Jetzt wird es uns auch klar, warum die beiden Schlitzohren so schnell verschwanden und genau zur Abfahrt der Fähre. Abhaken.

Abends auf dem Rückweg sind wir uns einig, der Tipp mit Castel Cornet war gut. Noch lange sitzen wir im Cockpit der Yacht und lassen den Hafen auf uns wirken, ein interessanter Gezeitenhafen.

Nach dem dritten „Bushmills" Whiskey sind wir uns einig, diesmal ist vieles anders. In den vergangenen zwei Jahren hat sich jeder von uns verändert und trotzdem, die Kameradschaft und die Freude, auf See zu sein, sind geblieben.

Welchen Hafen wollen wir als nächstes anlaufen?

Da Le Havre zu nahe liegt und Dover als Fährhafen für uns nicht interessant ist, könnte es die Themse sein und vielleicht lädt uns die Queen ja zum Afternoontea ein.

Die Strecke ist ausreichend lang, hat es navigatorisch aber in sich, Schiffsverkehr und Stromkabbelungen werden unsere volle Aufmerksamkeit erfordern. Aber wenn wir schon mal hier sind, wollen wir auch noch was erleben.

Wir hätten allerdings nicht gedacht, dass unser Wunsch nach Aktion so schnell war wird.

Mayday auf der Themse

Es geht schon langsam auf Mitternacht zu, als wir uns nochmal bestätigen, die Themse und London ist unser nächstes Ziel. Wenn es nun schon beschlossen ist, freuen wir uns auch darauf. Apropos „darauf", darauf noch einen Absacker, dann geht es in die Kojen.

Ganz zeitig am nächsten Morgen brechen wir auf, frühstücken können wir auch auf See.
Die Ankerkette zieht an, doch Erik ruft plötzlich „Stopp", der Anker hat eine alte Muringkette erwischt. Dann trinken wir eben doch einen Kaffee bis das ablaufende Wasser uns das Tauchen ermöglicht. 8 Uhr liegt der Anker dann am Bug und wir starten. Schon nach zwei Stunden haben wir die Insel St. Anne an Backbord, eine weitere Stunde später kommt der Leuchtturm Kap de la Hague in Sicht. Nun noch eine Stunde, dann ändere ich den Kurs auf 45° Richtung englische Küste. Im Augenblick machen uns aber die Stromkabbelungen große Probleme. Die sonst gleichmäßig anrollende Welle gibt es hier nicht. Unter dem Einfluss der starken Gezeitenströmung tun sich hier bis zu 3 m tiefe Löcher auf. Das Schiff bockt und stürzt im nächsten Moment wieder in einen Krater. Wir sind froh, als es vorbei ist. Was ist das bloß für ein Tag?
Am Spätnachmittag haben wir Kap de la Hague passiert, jetzt müssen wir nur noch das Verkehrstrennungsgebiet queren, dann haben wir Zeit. Dover und die Goodwin Sand´s möchte ich nachts nicht passieren.
John nickt bestätigend, er muss es ja wissen.

Die Segel stehen gut und wir genießen den Abend, auch wenn Wind und Strom gegen uns stehen. Selten ist hier die Sicht so gut wie heute, wir können jetzt den Tiefwasserweg rechtwinklig kreuzen, ich sehe nur zwei Schiffe an Steuerbord auf dem RADAR, noch weit entfernt. Wir haben den Wind an der Steuerbordseite, also Halbwind und John möchte noch ein zweites Vorsegel setzen. Als der Wind das Segel entrollt, fliegt etwas Schwarzgraues zwischen unseren Köpfen aufs Meer, ein Vogel?
Nein, es war eine Fledermaus, die sich im Segel eingenistet hatte. Sie kommt zurück und hängst sich äugend ans Unterlick des Vorsegels. Noch eine Flugrunde und sie hängt schon wieder dort, recht possierlich. Vielleicht will sie auch nach London.

Erinnerungen an London drängen sich in meinen Kopf. „Erzähl mal" bittet John.
„Nach dem Essen" sage ich. Erik stellt die Erbsensuppe auf die Back und auf Guernsey gekaufte Früchte.
Wie war das damals?
Ich kam von Friesland runter an die Themse, vor über 23 Jahren. Bei haarigem Wind 7 Bft liefen wir in die Themse ein, auf beiden Seiten graue schlammige Ufer, das Wasser lief gerade ab und ganz oben auf den Ufern die weißen Bunker aus dem zweiten Weltkrieg, richtig schaurig. Dann ging es die Themse stromauf..........

Plötzlich reißt uns ein tiefer durchdringender Ton aus der gemütlichen Runde. Der lange Ton eines Typhons?
Voraus sehe ich den dunklen Schatten eines sehr großen Schiffes, die Positionslichter klein und weit

oben. Als ich auf das RADAR schaute, erstarrte ich, Kollisionskurs. Das ist doch nicht möglich, der muss über 27 Knoten Geschwindigkeit fahren.
Natürlich, er fährt ja mit der Strömung und ist deshalb so schnell. Ein weiterer langer Ton folgt. Egal, ich fahre eine Halse. Auch wenn John und Erik gar nicht so schnell reagieren können gebe ich den beiden ein Zeichen, drehe das Heck in den Wind und steuere kurz dagegen.
Diese Zeit reichte den beiden, um sich gemeinsam an die Großschot zu hängen und das Überschlagen des Baumes weitgehend zu verhindern. Erst als ich schon eine Meile in Gegenrichtung segele, wird mir klar, dass die Gefahr vorbei ist. Noch ein prüfender Blick aufs RADAR. Alles i.O. Aber knapp war es schon.

Wenn wir drüben sind, sollten wir uns eine Bucht zum Ankern suchen. Vielleicht bei der Isle of Wight? Oder Southampton? Eine Stunde später schiebt uns dann der Strom, die Flut kommt. Weit hinterm Heck ziehen wieder zwei Schiffe vorbei. Jetzt sind wir aufmerksamer. Als wir den Solent erreichen, wird es ruhiger. Der Anker fällt eine Stunde nach Mitternacht in der Bucht von Ryde. sechs Stunden Schlaf sind geplant.

Ein gleichmäßiges Rauschen weckt uns, Regen. Gleich nach dem Frühstück sind wir wieder unterwegs, diesmal bei schlechter Sicht. Noch 120 Seemeilen bis Dover. Es ist öde, nass und kalt, so wie man sich das Segeln erträumt.
Im dicken Ölzeug eingepackt und mit Lifebelts gesichert, starren wir in den Regenvorhang. Ab und zu weht uns der Wind wie ein nasses Handtuch ins

Gesicht, unfreundlich und kalt. Gegen Abend sehen wir Backbord voraus einen großen weißen Fleck, kurz darauf auch schon das Feuer des Leuchtturmes von Beachy Head, das ist eine Landspitze an der englischen Südküste, in der Nähe von Eastbourne.

Der helle Fleck ist ein Kreidefelsen, Teil der South Downs und mit 162 Metern über dem Meeresspiegel der höchste in Großbritannien.

Bis Dover oder Ramsgate sind es nochmal fast 24 Stunden und wir müssen den Eurotunnel und die Fährlinie überqueren. In dieser Nacht sitzen wir alle drei im Cockpit und starren in die Dunkelheit. Das war ja gestern nicht gerade ein Glückstag, erst schleichen sich die „Einschleicher" davon, dann wurden wir beinahe gerammt. Ich hoffe, in London haben wir eine bessere Zeit.

Aber der Tag lässt uns nicht los. Erik beginnt als erster von Katastrophen zu erzählen, von der Zeit, als er noch auf Frachtschiffen fuhr.

Und auch John wird angesteckt. Er, der sonst immer optimistisch den Tag angeht, erinnert sich plötzlich an längst Vergangenes. Nach einem starken Kaffee, von Erik „gebraut", kommen auch die Frauen ins Spiel.

Die Nacht würde nicht ausreichen, auch nur einen Bruchteil der Erinnerungen wiederzugeben. Als es sentimental wird, schleiche ich mich in die Koje. John hat die nächste Wache.

Doch einschlafen kann ich auch hier nicht.

Wie war das damals mit ..., wie hieß sie doch gleich, beim Rudern auf dem Dreibrunnenteich?

Skipper Hans damals im Sturm auf dem Kvarner Golf

Wieder mal auf der grünen Insel

Im Jahr 1997 habe ich beim Anlegen in Chatham an der Themse vom dortigen Major of the City (Bürgermeister) ein Freifahrt-Ticket im Wert von 10 Pfund bekommen. Das ist eine Tageskarte für alle Verkehrsmittel. Also fuhr ich mit der U-Bahn nach London, immerhin fast 50 km. Zuerst Tower Bridge, dann Downing Street No 10, Buckingham Palast und Trafalgar Square mit der Nelson-Säule. Einfach großartig diese Stadt. Besonders toll war die Fahrt mit dem Greyhound Bus durch London. Am Abend fuhren wir dann nach Rochester und besuchten das Marinemuseum.

John und Erik hören interessiert zu.

„Wollen wir in Chatham oder Rochester anlegen?" fragt Erik.

„Lass uns das vor Ort entscheiden" schlägt John vor.

Inzwischen haben wir die Goodwin Sand´s erreicht. Diese Untiefen sind ein einziger Schiffsfriedhof. Zum Glück haben wir nur 2,5 m Tiefgang und das Wasser ist steigend, da sollten wir gut durchkommen. Die Wracks sind in der Karte eingezeichnet, sodass wir sie in respektvollem Abstand passieren können.

Bei Hochwasser sind sie völlig verschwunden, aber bei Niedrigwasser sieht es hier furchterregend aus.

Während ich so darüber nachsinne, wie viele Tragödien sich hier wohl abgespielt haben, kommt mir ein Gedicht in den Sinn.

Goodwin-Sand

Das sind die Bänke von Goodwin-Sand,
sie sind nicht Meer, sie sind nicht Land,
sie schieben sich, langsam, satt und schwer,
wie eine Schlange hin und her,

Und die Schiffe, die mit dem Sturm gerungen,
und die schäumende Wut der Wellen bezwungen,
und die gefahren über die Welt,
unzertrümmert, unzerschellt,
sie sehen die Heimat, sie sehen das Ziel,
da schiebt sich die Schlange unter den Kiel,
und ringelt Schiff und Mannschaft hinab,
zugleich ihr Tod, zugleich ihr Grab.

Die See ist still, die Ebb` ist nah,
Mastspitzen ragen hier und da,
und wo sie ragen in die Luft,
da sind es Kreuze über der Gruft;
ein Kirchhof ist`s, halb Meer halb Land,
das sind die Bänke von Goodwin-Sand.

Jetzt sehen wir dort drüben auch schon das Licht
vom Feuerschiff „East Goodwin"

Der Rest der Nacht fließt unter unseren wachsamen Augen dahin. Als der Morgen graut, nähern wir uns Ramsgate. Der Regen hat aufgehört, die Sicht wird besser. Etwas später liegt Ramsgate querab an Backbord.

Im Vordergrund ist der Leuchtturm gut zu sehen. Danach kann ich den Kurs auf 300° ändern, es geht nach Westen Richtung Themsemündung und der Schiffsverkehr nimmt zu. Grüne Ufer säumen unsere Fahrt, das Hochwasser hat die Wattflächen überdeckt.

Wir haben uns für Rochester entschieden, der Hafen liegt näher an London als Chatham. Aber noch ist es nicht soweit. John freut sich auf die nächsten Tage, in London hat er zwei Jahre seines nautischen Studiums verbracht, ehe er nach Hull wechselte und sein Kapitänspatent erwarb. Er möchte uns einige schöne Plätze seiner Erinnerung zeigen.

Inzwischen liegt schon die Isle of Sheppey vor uns. Danach segeln wir in den Medway River. Das heißt, wir wollten in den Medway River, aber unser Schiff nicht. Bei der Kursänderung lässt sich plötzlich das Ruder nicht mehr bewegen, es blockiert.

Unser Schiff vollführt einen Höllentanz, die Vorsegel killen, der Großbaum fegt über das Deck, mal nach Steuerbord, mal nach Backbord. Wir ducken uns unter den Baum und versuchen das Großsegel einzufangen. Als es uns gelingt, robbt Erik zum Mast und löst das Fall. Mit Getöse kommt das Segel runter.

John hat inzwischen beide Vorsegel festgezurrt und holt jetzt das Notruder. Wir hängen am Notruder, doch das lässt sich nicht bewegen. Mit dem ablaufenden Strom treiben wir auf der Themse stromab.

Schnell werfe ich eine Pütz an einem langen Seil achteraus, doch das hilft auch nicht viel, der Bug windet sich hin und her. Immer wenn das Schiff in der Strömung quer liegt, klatscht eine Welle ins Cockpit. Jetzt wird es gefährlich, denn wir treiben in die vielbefahrene Rinne, die Dunkelheit naht und wir können nicht steuern. Ich setze einen Security-Ruf ab, warne alle Schiffe unter Angabe unserer Position. Gleichzeitig setzt John die vorgeschriebenen Lichter für Manövrierunfähigkeit. Der blockierte Ruder-quadrant ist im Heck eingebaut, da wo sich das eingedrungene Wasser staut. Ich entschließe mich dann doch, einen Sicherheitsruf zu senden, denn wir haben schon etwas Schlagseite.

„securite, securite, securite, all stations, all stations.
This is sailingship CARY,
Our position 3 miles south of Southend-on-sea
Ship is not under control, we are drifting outside,
dangerous for other ships,
we need tug assistance. Over"

Jetzt ist mir etwas wohler. Mit der am Seil nachgeschleppt Pütz und laufendem Motor versuchen wir das Schiff zu steuern.

Inzwischen ist es dunkel, ein Fahrzeug nähert sich uns, kommt längsseits, der Schlepper übernimmt unsere Leinen und zieht langsam an.

Es geht wieder stromauf, langsam, da das Schiff ständig nach einer Seite ausbricht. Der Schiffsführer des Schleppers hat verstanden und hält uns im Strom auf der Stelle.

Nach einiger Zeit haben unsere Bilgenpumpen das meiste Wasser wieder in die Themse gepumpt und ich wühle mich zum Ruderquadranten durch und trenne mit einen Maulschlüssel das Gestänge. Jetzt kann das Notruder eingesetzt werden.

„Nach Rochester" rufe ich zum Schlepper. Er winkt und zieht uns jetzt etwas schneller stromauf. Und wieder geht es in den Medway River Richtung Chatham. Die große Flutschleuse ist offen und wir fahren ein.

Der Schlepper liefert uns direkt am Hafen in Rochester ab. Wir bedanken uns artig, alles andere ist Sache des Hafenmeisters. Wir sind erstmal fest und das reicht uns. Ja, du hast Recht Andreas, es gibt Tage, da geht gar nichts.......

So sitzen wir dann mit einer großen Flasche Bushmills im Cockpit und atmen erstmal aus.

Dann werten wir die letzten vier Tage nochmal aus. John fasst alles in einem kurzen Satz zusammen: „Dann lieber Sturm."

Hafen von Rochester

Wir zwei anderen sehen das genauso. Aber wir sind ja noch nicht in Hamburg. Der Bushmills ist inzwischen leer, aber eine neue Flasche zu öffnen und dann halb leer stehen zulassen, bringen wir nicht übers Herz. Also bleibt nur die Koje. Ich rolle mich auf dem Deck unters aufgetuchte Vorsegel und bin sofort eingeschlafen.

Heute geht es nach London, mit der U-Bahn ist das kein Problem. Unser erster Weg führt zum Tower. Ein Mann in einem komischen Kostüm empfängt uns, sehr würdevoll und etwas steif, finde ich. Von vorbei gehenden Passanten höre ich nebenbei, dass dies der Wächter der Raben des Towers ist. Sofort steigt meine Achtung in unermessliche und ich spreche ihn vorsichtig an. Er stößt seinen Stock mit den Schellen auf den Boden und beginnt dann zu sprechen.

Der Tower of London ist reich an Legenden. So ist die Burg mit dem berüchtigten Gefängnis untrennbar mit den dort heimischen Raben verbunden. Jahrhunderte alte Redensarten prophezeien sogar den Untergang Großbritanniens, wenn die Raben verschwinden. Woher die Legenden um die Tower-Raben rühren ist nicht ganz klar, doch viele sehen ihren Beginn in der Regentschaft von König Charles II. im 17. Jahrhundert. Dieser soll sinngemäß gesagt haben, dass die Königsfamilie und das britischen Königreich untergehen, wenn die Raben verschwinden. Charles soll persönlich dafür gesorgt haben, dass stets sechs Kolkraben im Tower of London leben. Die Londoner nehmen die Tradition äußerst ernst.

Während der Bombardierung der Stadt durch die Nazis im zweiten Weltkrieg überlebte Berichten zufolge nur ein Rabe, also sorgte Premierminister Winston Churchill persönlich dafür, dass die Anzahl der Tiere wieder auf sechs gebracht und mit gestutzten Flügeln an der Burg angesiedelt wurden.

Das alles erzählt mir der Rabenmeister des Towers of London, Chris Skaife. So erfuhren wir auch noch die Namen der Raben, die den Fortbestand der Krone und des Landes sichern sollen: Harris, Gripp, Poppy, Merlina, Jubilee und Rocky.

Harris und Rocky

Wir gehen weiter zur Tower Bridge und schauen auf die Themse. John will unbedingt zum Buckingham Palast den Wachwechsel erleben.

Zwei von den Langen Kerls mit den hohen Mützen stehen am eisernen Tor. Für ein Foto mit uns verlassen sie kurz ihren Platz. Leider ist die Queen nicht zu sprechen.

Hans vorm Buckingham Palast

„Wir sollten etwas essen", sagt Erik.

Gegen über vom Palast ist nur der Park, dort bauen gerade zwei Chinesen jeweils einen Hot-Dog-Stand auf. Freundlich fragen wir den ersten, ob wir etwas bekommen können. Wir warten eine kurze Weile und als die Würstchen heiß sind, kommen die Hot-Dogs über den Tresen.

„How much?" frage ich. Das hätte ich nicht tun sollen.

Die Antwort ist freundlich: „Five Pounds".

Das finde ich recht stramm für einen Hot-Dog, fast unverschämt, aber ich bezahle. John und Erik auch.

Als wir beim zweiten Chinesen vorbeikommen, hängt dieser gerade ein Schild raus: „Hot Dog 2,50".

Nebenan hören wir ein leises Kichern von meinem chinesischen Freund. Weiterhin gute Geschäfte! denke ich.

John hat uns noch einiges gezeigt und ich habe Orte aufgesucht, an denen ich vor vielen Jahren war.

Dann wird es Zeit, zurück zu fahren.

„Wohin gehen wir heute Abend?" fragt Erik besorgt.

In Rochester gibt's für mich nur ein Lokal, das „The Kings Arms" in der 2th High Street, ein britisches Steakhaus. Hier hoffe ich meinen Freund Matthew zu treffen. John und Erik sind einverstanden und wir fahren bis zum U-Bahnhof Ealing Broardway, von dort sind es nur noch 7 Gehminuten zur 2 High Street Upnor.   Sehr einladend sieht es hier aus, genau wie damals.

Ah, da ist „The Kings", allerdings noch ziemlich leer.

Das wird sich kurze Zeit später ändern.

Ich erinnere mich noch an damals, wir wollten nur etwas trinken, aber der Gastraum war sehr voll. Doch die Leute rückten etwas zusammen und wir konnten unser Bier im Sitzen trinken.

Dann kamen ein paar Leute und haben auf dem vorderen Tisch an der Bar ein Buffet aufgebaut.

Alle gingen dann dorthin und holten sich etwas zum Essen. Einer der Männer kam zu uns an den Tisch und forderte uns auf, uns auch etwas zu holen. Als wir zögerten, sagte er nur: „my birthday". Das erklärt alles, wir sind eingeladen.

Später kam der Mann an unseren Tisch mit drei Gläsern Guinness. So lernte ich Matthew kennen.

„The King´s Arms"

Heute füllt sich der Raum langsam, die Bar zuerst. Im Nebenraum wird Darts gespielt. Ich frage den Mann hinter der Bar nach Matthew. Er sagt, Matthew kommt nicht jeden Tag und wenn, dann meistens erst spät.

Dann trinken wir wohl erstmal ein Bier. Der erste Versuch ist ein dunkles „Bitter" von Fass mit Zimmertemperatur und, wenn man nichts anderes angibt, natürlich 1 pint (ca. 0,5 Liter). Man kann es trinken, es weckt bei uns aber keine Begeisterungs-stürme.

Bei der nächsten Runde sind wir vorsichtiger, wir bestellen dreimal ein halfpint „Bitter Ale Lager Stout" zum Probieren. Ja, das passt eher.

Erik erzählt vom Segeln mit seinem Sohn im Urlaub und wir freuen uns mit ihm, denn das Verhältnis der beiden war nicht immer gut.

Ich erzähle von meinen Törns in der Adria und den acht segelbegeisterten Frauen vom Verein. Wir hatten schöne Tage mit viel Spaß und guten Erlebnissen.

Inzwischen ist der Raum brechend voll geworden und ich habe gar nicht bemerkt, dass Matthew an der Bar steht. Er winkt mir und schlendert lächelnd herüber. Wir haben uns viel zu erzählen, toll, so ein Wiedersehen nach vielen Jahren. (da wusste ich noch nicht, dass er mich ein paar Monate später in Erfurt besuchen würde)

Es ist wie überall in den Hafenstädten, man trinkt viel, prostet sich zu und fragt nach dem Woher und Wohin. Hier sind nicht nur eine ganze Menge Segler und Matrosen, sondern auch viele Touristen.

Die Leute vom Meer erkennt man auf den ersten Blick, wenn nicht an ihrer Kleidung, dann an ihren Blick und der Wetterfarbe ihrer Haut.

Da ist schon wieder so einer, der von draußen kommt. Verdammt, den kenne ich doch!
Und ob, es ist Andreas Schubert aus Dresden, der die Welt schon umrundet hat, zum großen Teil unter Segeln.
Wir haben uns viel zu erzählen.
Bis bald in Dresden, Andreas.

Oft kommt man mit jemandem ins Gespräch und kann nicht wieder aufhören. Warst du schon in diesem und jenem Hafen?
Kennst du den Wirt und die blonde Tänzerin? Wo kann man gut essen? Kennst du eine sichere Ankerbucht?
Und so weiter. Da wird es meist spät und eventuell schon wieder hell.

Morgen wollen wir unser Ruder überprüfen und dann in Chatham nochmal anlegen. Noch eine Runde für die Freunde, dann gehen wir durch die dunklen Gassen zum Hafen.
Noch im Morgengrauen legen wir ab, die Schleuse öffnet sich und nach ein paar Meilen sind wir schon in Chatham.
Hier ist ungewöhnlich viel Betrieb, am Hafen werden Buden aufgebaut, Fahrzeuge kommen, werden entladen und fahren wieder weg. Wir machen erstmal fest und Frühstücken an Bord.

Plötzlich dringt Musik zu uns herüber.

Staunend sehen wir Leute in schwarzen uniformähnlichen Anzügen und mit geschwärzten Gesichtern auf der Straße tanzen. Eine Gruppe von ungefähr 30 Leuten, alte und junge, Männer, Frauen, Kinder. Ein älterer Mann mit einem Zepter ähnlichen Stab gibt den Takt an. Sie marschieren auf der Stelle, dann nach recht, nach links und im Kreis. Auf ein Signal treten sie an und marschieren weiter. Da kommt schon die nächste Gruppe in ähnlichem Aufzug, sie bleiben stehen und tanzen zur Musik. Nun bin ich doch neugierig und frage einen Passanten. Er erklärt mir, dass dieses Fest ein alter Brauch der Schornsteinfeger und Bergleute ist. Neben uns brennt ein Kohlenfeuer, auf dem durchwachsener Speck geröstet wird.

Eine Weile schauen wir dem Treiben zu, dann wollen wir das Historische Museum besuchen.

Bei meinem Besuch 1996 hatte ich leider dazu keine Zeit, Dabei ist es doch für jeden mit der See Verbundenen ein absolutes Muss. Im Hafen liegt die „HMS Gannet" von 1878, ein 52m Drei-Mast-Vollschiff, gebaut aus Holz über Stahlspanten.

Es war als Kolonialkreuzer, konzipiert mit einer Bewaffnung von 4 Geschützen und 4 Maschinen-gewehren. Ab 1892 diente es als Vermessungsschiff und später als Marinewohnschiff. Als es abgewrackt werden sollte, übernahm das Museum das Schiff, es wurde restauriert. Heute ist es Bestandteil der National History Fleet. Eine sehr interessante Karriere.

Da fällt mir noch etwas ein. Vor etwa 20 Jahren habe ich mal einen großen Schoner gefahren, ich glaube der Name war „Preußischer Adler". Ich legte in Ebeltoft/ Dänemark an. Dort liegt im Trockendock die Fregatte" Jylland", ebenfalls ein Holzschiff, mit 71 Metern Länge das größte erhaltene der Welt. Da unsere geplante Route im Kattegat vorbeiführt, könnten wir uns das Schiff ja mal ansehen.

Die Fregatte „Jylland" in Ebeltoft im Trockendock.
Schon zweimal war ich hier und habe sie immer
bestaunt.

Friesland lockt

Der gestrige Tag war anstrengend und wir freuen uns wieder auf die freie See. Themse abwärts überholen uns einige Fähren, ein Fischer und mehrere Frachter. Dann sind wir endlich draußen. Es ist schon Mittag und ein angenehmer Westwind der Stärke 5 bringt uns auf unserem Nordostkurs voran. Unser nächstes Ziel könnte das niederländische Harlingen an der friesischen Westküste sein. Bei ca. 480 sm werden wir mindestens drei bis vier Tage unterwegs sein. Ich denke, wir sollten schnellstens das Verkehrstrennungsgebiet queren, ehe es wieder Nebel gibt. Im küstennahen Gebiet vor Holland darf die Groß-Schifffahrt nicht fahren, deshalb ist dort weniger Verkehr. Und natürlich sollte das Wetter so bleiben, Sturm kann hier in Verbindung mit den Gezeiten sehr unangenehm sein.

Wir sind flott unterwegs, die Wache ist eingeteilt, John steht am Ruder, ich liege auf dem Vorschiff und träume mich zurück in meine besten Jahre.
Gibt es so etwas überhaupt, beste Jahre?
Ich hatte abwechseln gute und schlechte Tage, auch ein paar gute Monate, aber beste Jahre? Nein, wohl eher nicht. Heute genieße ich jeden Tag auf See und jede Nacht.
Dabei denke ich an die zahlreichen Nachttörns, die wunderbaren Stunden zwischen Sonnenuntergang und -aufgang. Wir nähern uns jetzt dem Breitengrad von Harwich und ändern den Kurs nach Osten auf 80°.

Erst jetzt sind wir auf der neuen Route, beginnt das nächste Teilstück unser Reise richtig, denn es ist nicht das Schiff, es ist der Skipper, der den Beginn der Ausreise festlegt mit einer Peilung und der Stelle des ersten kleinen Bleistiftkreuzes auf der Seekarte.
Und ich schaue auch nicht hinüber zur unsichtbaren Küste Hollands, diese Welt jenseits der Linie des Horizonts existiert im Augenblick für mich nicht.
Hier draußen mit drei ganzen Tagen vor dem Bug scheint die Zeit so leicht, wie die hellen Luftblasen im wirbelnden Kielwasser achteraus.

In diesen Momenten widerstrebt mir der Gedanke, bald die letzte Kreuzpeilung von dieser Welt zu nehmen, um auf die einzige Reise mit unbekanntem Ziel zu gehen, die ein Segler jemals unternimmt. Aber ich werde sentimental, spüre, das Thema ist viel zu groß, um es in Worte zu fassen.

Und da ist ja noch das immer wiederkehrende Aufflammen einer großen Leidenschaft für die See. Jeder Segler der mit diesem Gefühl unterwegs ist, versteht es als Huldigung der unvergänglichen See, der Schiffe die nicht mehr sind und der einfachen Männer, deren Tage nicht wiederkehren.
Das waren damals kühne, abgehärtete Feuerfresser, Kerle die den Satan an den Hörnern packen. Einige habe ich in meiner Jugend noch kennengelernt und ich bin sehr dankbar dafür. Auch heute gibt es noch einige von diesen seltenen Exemplaren.

Ich denke da an einen Törn 1964 mit Kapitän Ernst Weitendorf, einem „Kaphoornier, der in den 30er Jahren des vorigen Jahrhunderts noch 4-Mast-Barken als Kapitän rund Kap Hoorn führte, oder an den „Seeteufel" Felix Graf von Luckner, Kommandant des Hilfskreuzers „Seeadller", auch „Pirat des Kaisers"genannt, den ich 1961 in Halle bewundern durfte.

Oder an Thor Heyerdahl, mit dessen Navigator Detlef Soitzik ich 1999 im Kattegatt segelte oder an John von der „Bornrif", der einen großen Teil seines Lebens im englischen Kanal fischte. Oder Henk Overbek, der immer die schnellsten Schiffe fuhr. Oder Digger, diesen Typ, dessen entschleunigte Törns in den Gewässern vor Dänemark ich gut fand. Oder an Bootsmann und später Kapitän Helmut Stolle, der 60 Jahre auf und für die „WILHELM" , heute „GREIF" lebte, den ich 1963 4 Monate auf der „Greif" erleben konnte.

Oder, oder......

Auch Berichte der Reisen von Wilfried Erdmann haben mich begeistert. Ja, es gibt noch einige, die nicht unbedingt im Bett sterben wollen. Es gibt noch Seemänner, die diesen Namen verdienen.

Ich höre die Schritte von John auf dem Deck und lehne mich wieder zurück, es ist das schöne Gefühl der Sicherheit, das kennt John genauso wie ich. Die Uhr zeigt jetzt 23.45, noch 15 Minuten bis zum Wachwechsel. Ich taste mich durch den dunklen Salon zur Pantry und mache John eine Mug Kaffee und ein paar Schnittchen. Dann übernehme ich die nächste Wache. Es ist 00.30 Uhr, wir sind also schon über 20 Stunden unterwegs, das Log zeigt 108 Seemeilen an, das ist doch ganz passabel.

Wenn der Wind so bleibt, werden wir am Vormittag auf der Höhe von Rotterdam stehen. 02.30 Uhr, noch anderthalb Stunden dann löst mich Erik ab.

Ich hätte nicht rechnen sollen. Der Wind hat nachgelassen und ein leichter Nebel liegt über dem Wasser. Weit voraus höre ich ein Typhon, von der anderen Seite antwortet ein anderes.
„Was sie wohl zu besprechen haben?" denke ich.
Verdammt, der Nebel wird dichter. Da werde ich wohl nicht in die Koje kommen, denn vier Ohren hören mehr als zwei.

Und tatsächlich, der Nebel wird noch dichter, plötzlich wird es noch dunkler, um uns herum ein unheimliches geisterhaftes Licht, sodass ich den Bug kaum noch erkennen kann, dicke Schleier wabern wie feuchte Tücher um uns herum. Ich bleibe stehen, um die Stärke des Windes an meiner Backe zu fühlen, es sind höchstens noch 2 bis 3 Beaufort. Und wieder diese Typhons backbord voraus, zwar noch weit weg, aber gefahrdrohend. Über mir tropft es vom Tauwerk. Es ist Zeit, Erik zu wecken.
Seine Kammer ist leer, er sitzt Kaffee schlürfend am Navigationstisch und studiert die Seekarte. Als er mich sieht brummt er „damned foggy", verdammt nebelig.
Da er noch nicht an Deck war, muss er es gerochen haben. Da müssen wir also durch, das ist ja für den englischen Kanal auch kein ungewöhnliches Wetter. Ich segle das fünfte Mal in der Gegend und wir hatten eigentlich immer mal Nebel.
Sollte es Morgen so bleiben, lasse ich mir per Funk die Standorte des Schiffsverkehrs von Terschelling Radio geben, nur zur Sicherheit.

Erik übernimmt die 04 bis 08-Wache, nachdem ich ihm die Peilung des Typhons gegeben habe. Jetzt übernehme ich den Horchposten und gebe auch das vorgeschriebene Schallsignal, pro Minute 5 Sekunden schnelles Läuten mit der Schiffsglocke. Während meiner Wache haben wir immerhin 23 Seemeilen d.h. mehr als 42 km zurückgelegt.

Gegen 05.10 nimmt der Wind zu und plötzlich lichtet sich auch der Nebel. Eine Weile bleibe ich noch im Cockpit sitzen, der Himmel ist jetzt klar und unsere Mastspitze kreist friedlich um die Sterne. In der Ferne sehe ich auch die Lichter der Schiffe, deren Typhons ich im Nebel hörte.

Der Wind nimmt an Stärke zu und drückt uns in Richtung Küste. Erik meint, wir sollten wenden. Sein Kommando „Klar zur Wende" quittiere ich mit dem erhobenen Arm. Kurz und scharf kommt das „Ree" und schon killt die Fock und das Großsegel geht nach Backbord über. Nach nicht mal einer Minute stehen sie Segel wieder und wir liegen auf neuem Kurs, ein wunderbarer Anblick, denn ein gut gelungenes Segelmanöver ist einer jener Vorgänge, die den Skipper zutiefst befriedigen, die ihn stolz machen auf die Kunst des Segelns, der er sich verschrieben hat.

Von uns fast unbemerkt hat sich die junge Sonne über die Kimm geschoben, verfärbte die Federwölkchen hoch oben zu rosigen Gebilden. Es ist einfach schön.

Was Seesegeln wirklich bedeutet weiß nur der, der den Respekt vor der Natur da draußen nicht verloren hat, der ein Schiff nicht als Gegenstand betrachtet, der echte Kameradschaft erlebt hat, für den Segeln eine Religion ist.

„Willst Du nicht wenigstens noch eine Stunde schlafen?" reißt Erik mich aus meinen Gedanken. Nein, es ist einfach zu schön, die warmen Strahlen der Sonne auf dem taufeuchten Deck zu riechen und auf der Haut zu spüren. Ich bleibe noch an Deck.

Diese perfekten Manöver habe ich auch bei anderen Skippern immer bewundert, sie zeugen von guter Seemannschaft. Unvergessen ist für mich das Einlaufen einer großen Slup im Hafen von Portoferraio auf Elba. Der Hafen ist groß genug um hinein zu segeln, aber die Liegeplätze sind rar. Am Ruder stand ein Mann, die Frau bediente Großschot und Fockschot. Da ich weiter keine Leute an Bord sah, waren sie wohl allein unterwegs.
Sie segelten langsam mit offenen Schoten durch den Hafen und suchten einen Liegeplatz. An einer Mole war längsseits eines Platzes etwas frei, um anzulegen mussten sie halsen und mit achterlichem Wind zur Mole segeln, um dort mit einen Aufschießer längsseits festzumachen.
Das Herz lacht einem vor Freude beim Anblick eines solchen perfekten Manövers einer Yacht, das überlegt und anmutig ist wie die Bewegung eines lebenden Wesens. Yachten ganz ohne Antriebsmaschine sieht man heute äußerst selten.

Diese beiden Menschen erregten meine Neugier.
Am zeitigen Abend ging ich zu ihrer Yacht und kam ins Gespräch. Sie waren schon einige Jahre unterwegs und konnten sich keine andere Lebensform vorstellen. Vor gut 25 Jahren habe ich auch einmal ein Schiff geliebt und jede Stunde an Bord genossen.

Mikado 55
Schaut es euch an und ihr werdet verstehen, warum
ich in dieses Schiff verliebt war.

Es war eine ältere 55 ft-Ketsch von 40 ts und ich habe einige tausend Seemeilen mit ihr versegelt. Was uns verband war das Alter und die vielen Nächte und Tage auf See, sowie die Erinnerung an zig Häfen während dieser Zeit. So ein Schiff ist, auch wenn es weibliche Eigenschaften hat und vernunftwidrig geliebt wird, doch von einer Frau grundsätzlich verschieden. Das habe ich erst nach unserer Zeit erkannt.

Jetzt bin ich doch ins Plaudern gekommen.
Inzwischen ist es Zeit für das Frühstück, John übernimmt das Ruder und wir beiden machen Kaffee, natürlich irisch, damit die Lebensgeister geweckt werden. Dazu gibt es reichlich Spiegelei auf Schinken. Das Brot heben wir uns für schlechte Zeiten auf. Danach trägt John unseren aktuellen Standort in die Seekarte ein, wir stehen vor Hoek van Holland, mit Kurs 30° geht es jetzt die holländische Küste hinauf. Der Wind kommt jetzt wieder aus Nordwest, für uns also perfekter Halbwind, sodass wir gut voran-kommen.
Eine halbe Stunde später kreuzen wir den 52 ten Breitengrad. Wenn der Wind so bleibt, wird uns in zwei Stunden der ablaufende Strom schieben.

Eine Liebe auf Vlieland

Morgen Mittag könnten wir den Marsdiep zwischen Texel und Den Helder erreichen und direkten Kurs auf Harlingen nehmen oder die westfriesische Insel Vlieland anlaufen und dort ankern.

Draußen in dem Verkehrstrennungsgebiet Deutsche Bucht ist reger Schiffsverkehr zu beobachten. Hier in der Küstenverkehrszone dürfen nur Fischer und Yachten verkehren. Allerdings kommen wir dann morgen auch ins Wattenmeer, da wollen wir nichtunbedingt trockenfallen.

Erik hat sich ein leichtes Vorsegel zur Reparatur vorgenommen, es sind ein paar Nähte gerissen, obwohl wir es immer gewaschen und getrocknet haben. Na ja, es ist ja auch nicht mehr ganz neu, hat sicher schon 30 Jahre in den Schoten. Den Plan, durch den Marsdiep zu segeln, geben wir auf, es ist zu eng und zu flach.

John möchte unbedingt vor Vlieland ankern. Diese kleine Insel liegt zwischen Texel und Terschelling. Ja, warum eigentlich nicht, hier war ich auch schonmal auf den Austernbänken. Die Austern haben dann auch Erik überzeugt, wir bleiben also in der Küstenverkehrszone Noord-Holland. Auf der Höhe des Leuchtfeuers Den Hoorn umfahren wie eine Untiefe westlich. Etwas weiter nördlich auf der Höhe des kleinen Ortes De Koog liegen wieder zwei Untiefentonnen. Jetzt heißt es höllisch aufpassen. John markiert die schwierigen Flachwasser-Stellen in der Karte. Nach guten 4 Stunden taucht die Ansteuerungstonne für die Durchfahrt nach Vlieland auf. Das Fahrwasser wird

immer schmaler, wir haben die Nordostspitze der Insel Vlieland an Steuerbord, Ab hier fahren wir im Harlingen-Vlieland-Weg. Es wird höchste Zeit, denn mit dem ablaufenden Strom steigt die Gefahr auf Grund zu laufen. Es ist inzwischen schon später Nachmittag als wir ankern.

Fern an Land grüßt schon der Leuchtturm herüber.

Mit dem Beiboot rudere ich mit Erik zur Untiefe. Ein sehr schöner Sonnenuntergang sieht uns dann später mit einem großen Eimer über den Sand stiefeln, bis zu einer trocken gefallenen leichten Erhebung, die aussieht wie ein grober Kieshafen. Bei näherem Hinsehen erkennen wir, dass es Austern sind, die große asiatische Auster, die die einheimische schon fast verdrängt hat.

Für das Abendessen nehmen wir einige mit und paddeln zurück an Bord. Erik will uns die Austern zubereiten, denn die Nacht wollen wir hier an Bord bleiben.

Während Erik die Leckerbissen grillt sitzen wir im Cockpit mit unserem „Freund" Bushmills, dem guten irischen.

Wir erzählen uns Ankergeschichten, die jeder von uns hunderte Male erlebt hat. Die See ist ruhig.

John, der Skipper von der „Bornrif", hat mir mal von einem Ausspruch der holländischen Seeleute zum Ankern eines Schiffes erzählt.

Sie sagen „es liegt schlafend auf seinem Eisen". Poetischer kann man es wohl nicht sagen. Mit dem Eisen ist natürlich der Anker gemeint. Unser „Eisen" trägt gut, der Wind ist eingekrochen und wir können uns hier einen schönen Abend gönnen. Mit diesen Männern ist es ein Vergnügen zusammen zu sitzen, ja auch zu trinken. Sofern der feste Händedruck einer Männerhand noch etwas gilt darf ich annehmen, dass wir Freunde und Kameraden sind, sonst hätten wir uns nicht Jahre nach unserem Langtörn von Aberdeen über Dublin rund Gibraltar nach Triest wiedergetroffen.

„Denkst du manchmal an Molly?" fragt mich John. Verdammt, da ist es schon wieder, dieses wonnevolle warme Erinnern an diese Frau im irischen Waterford und an die Molly´s, die Stella oder Joaquina hießen. Wir haben uns ja erst vor zwei Wochen in Waterford nicht ganz zufällig getroffen, obwohl ich weder ihren richtigen Namen weiß, noch wo sie wohnt. Wozu auch. Stella habe ich in Zadar/Kroatien kennengelernt und später auf Alicudi, der westlichsten der liparischen Inseln wieder getroffen.
Es gibt eben auch Tage, da klappt alles.

Das Schicksal dieser schönen und klugen Italienerin hat mich schwer beeindruckt. Sie hat ihre Welt mit 34 Jahren hinter sich gelassen, um mit einem 16-jährigen Jungen durchzubrennen, lebt glücklich auf dieser kleinen Insel. Auf einer früheren Reise bin ich ihr wieder begegnet und ich konnte es kaum glauben, wie zeitlos schön diese Frau ist.
Wir haben den Wein der Insel getrunken und unsere Hände gehalten, eine Vertrautheit für Stunden bis zum Ablegen, nochmal werden wir uns wohl nicht begegnen.
Wenn ich an die kurzen glücklichen Momente in den fernen kleinen und kleinsten Häfen denke und an die Sehnsucht, wieder auf See zu sein, ahne ich, warum das Segeln und die Liebe zu den Schiffen so ein gutes Gefühl erzeugt.
John hat inzwischen von seiner Liebe, die er in Triest gefunden hat, geschwärmt. Er hat es überwunden, diese jahrelange Trauer, als seine Frau Cary in der Irischen See über Bord ging und ertrank. Ich gönne ihm das neue Leben von Herzen.

Und Erik hat zwar seine Frau nicht wiedergefunden, dafür aber seinen Sohn Marc. Die beiden haben viel nachzuholen.
Und ich? Ich bin glücklich, mit den Beiden segeln zu können. Das sind Männer, die Jahrzehnte auf See verbracht haben, fast ihr ganzes Berufsleben. harte ehrliche Männer, die die See verstehen. Heute trinken wir auf die Segelei, auf die wütende und oft auch zärtliche See, auf die Männer die auf ihr fahren und auf alle Molly´s dieser Welt, die irischen Bräute.

Worauf wir noch getrunken haben, weiß ich nicht mehr, aber es müssen viele Bräute gewesen sein, nach meinem Kopfschmerz am Morgen zu urteilen.
Inzwischen beobachten wir Erik bei seinen Künsten am Herd.
Er hat den Ofen vorgeheizt und auf ein Backblech eine erhebliche Menge grobes Meersalz gestreut.
Darin stehen nun die Austernschalen mit der ausgelösten Auster. Mit der vorsorglich bereiteten Mischung aus Petersilie, Knoblauch Thymian und Olivenöl füllt er die Auster und schiebt sie in den Ofen. Obenauf legt er noch jeweils einen Löffel Zitronenabrieb mit Semmelbröseln. Die Brösel sind schon nach etwa 10 Minuten goldbraun und Erik serviert die Austern mit etwas gemahlenem schwarzen Pfeffer. Schon der Anblick ist ein Traum und wir genießen unsere „Austern gratiniert" mit einer Flasche Champagner, die John noch „gefunden" hat.

Das alles im westfriesischen Wattenmeer vor Anker. Unglaublich. Noch eine ganze Weile sitzen wir unter dem Nordseehimmel und trinken irischen Whiskey, dann fallen wir in die Kojen.

Am nächsten Morgen scheint die Sonne ins Cockpit, das ist hier nicht selbstverständlich. Zum Frühstück gibt es Spiegeleier auf Schinken, ein Skipper-Frühstück.

„Lasst uns den Tag auf Vlieland verbringen" schlägt Erik vor. Verdammt guter Vorschlag, finde ich, war lange nicht mehr auf der Insel. Gestern Abend war es hier ruhig, heute kommt uns eine Fähre entgegen und wir müssen uns streng am rechten Rand des Fahrwassers halten. Zusätzlich haben wir hier die Pflicht, über UKW-Kanal 2 die Verkehrszentrale Brandaris abzuhören. Ab und zu loten wir, um nicht aufzulaufen. Es gibt Stellen im Fahrwasser, die sind bei Hochwasser nur 2,20 m tief und verlagern sich ständig. Das Fahrwasser „Vliesloot" vor der Insel ist jedoch ausreichend tief.

Die Hafeneinfahrt von Ost-Vlieland ist saueng, der Strom läuft immer quer zur Einfahrt. Da ich hier schon ein paarmal war und die Tücken der Einfahrt kenne, übernehme ich das Ruder. Mit viel Fahrt und hart gegen den Strom kommen wir durch die Einfahrt. Geschafft.

Erstaunlich, wie voll der Hafen ist, wir finden aber noch einen guten Liegeplatz und machen uns sofort an die Erkundung der Insel.

Zahlreiche Segler-Familien bestimmen das Bild. Die Insel ist angenehm autofrei, das finden auch viele Touristen gut.

Entsprechend stark sind die Wege frequentiert.
Vom Yachthafen sind es nur 20 Minuten zu Fuß bis zum einzigen Ort der Insel. Ich mag lieber den nördlichen Strand und die weitläufige Dünenlandschaft. Dort ist man allein, zwischen den Dünen herrscht absolute Ruhe. Nur die Schreie der Möwen unterbrechen die Stille.

Ich habe mal während eines Hafentages bei einem extremen Sturm zwischen den hohen Sanddünen gelegen. Am Strand donnerten die Brecher und das Abtauchen auf dem Grund der Dünen in die Windstille war unwirklich schön.

Erik und John wollen zum Ort wandern, ich schließe mich an. Eine schattige Straße mit kleinen Cafés führt ins Ortsinnere. Da steht Wegrand ein junger Mann und verkauft Matjesbrötchen. Staunend sehen wir ihm zu.
Er nimmt den Hering aus dem Fass, hält ihn am Schwanz fest und mit einer flinken Bewegung auf und ab fallen zwei Filets auf den Teller. Die legt er zwischen ein ziemlich großes Brötchen und dazu gibt es aus einem zweiten Fass eine große Gurke. Obwohl wir an Bord gut gefrühstückt haben, können wir nicht widerstehen.

Am nächsten Imbiss gibt es holländisches Bier, da gehen wir doch nicht vorbei. Der Weg mündet hinter dem letzten Haus in einen dichten Wald. Danach beginnt der Strand, einem Strand, wie ich ihn noch nicht gesehen habe, er ist breit und sehr sauber, feiner Sand, der, wenn er feucht ist, unglaublich fest wird. Unsere Spuren sind nicht zu sehen.

Unser Weg führt uns bis zur Nordspitze der Insel und dort legen uns in den Sand. Eigentlich wollen wir ja segeln, aber diese Zeit der absoluten Ruhe können wir uns auch gönnen.

Nachmittags geht es zurück zum Hafen.

Für heute Abend sollte sich doch eine Gaststätte finden lassen, eine der 22 auf dieser kleinen Insel. Das lässt ahnen, dass die Zahl der Touristen die der Insulaner vielfach übersteigt und der Preis des Abendessens unsere Bordkasse sicher sprengen würde. So wird dieser Abend wieder an Bord verbracht, eine Nachtfahrt im Wattenmeer wäre leichtsinnig.

An Bord hat sich Erik fein gemacht.

Naja, was er darunter versteht, Norwegerpulli, etwas Gel in seinen roten Haaren und er ist überzeugt, es gibt Touristinnen, die das mögen. Mit Elan und federndem Gang verlässt er uns über die Gangway. Viel Spaß.

John und ich genießen das Hafenkino bei einem Irishcoffee an Bord. Da kommt eine Yacht durch die enge Einfahrt und steuert auf einen der letzten freien Liegeplätze zu.

Ein älterer Skipper und zwei Damen mit Leinen und Fendern in der Hand. Rückwärts an den Steg, ohne Fahrt im Schiff? Alle Augen auf den Yachten richten sich in Erwartung eines Crashs auf den armen Skipper. Der gibt langsam Gas und die Yacht nähert sich dem Steg. Dann will er abstoppen, mit dem Rückwärtsgang bei Rückwärtsfahrt! Ein hässliches Knirschen zeigt, dass das Heck etwas kürzer geworden ist.

Entsetzt gibt er Vollgas voraus, reißt dann den Gang wieder in die Rückwärtsfahrt und knallt nochmal an die Pier.

Die Frauen waren schon beim ersten Crash im Schiff verschwunden. Jetzt kommen einige hilfsbereite Yachties und trösten den Skipper, der Schaden wäre mit ein paar Kilo Harz wieder zu beheben.

Schöner Film, denke ich. Wenn man Zweifel an seinen Fahrkünsten hat, sollte man mittags anlegen, da ist der Hafen nicht so voll. Wenigstens hat sich keiner heimlich die Hände gerieben, denn jeder weiß, das könnte ihm auch passieren. Die Frauen habe ich erst am nächsten Morgen wiedergesehen. Schade, dass die Sicht auf die Einfahrt versperrt ist, das Krachen einer Kollision mit der Mole war kurz darauf deutlich zu hören. Da hat wieder einer bei ablaufendem Wasser den Querstrom von über 3 kn nicht beachtet. Als er dann in den Hafen kam und festgemacht hatte, setzte sich der „Pilgerstrom" in Bewegung, um auch ihn zu trösten. Ich glaube nicht, dass ihnen das gelingt.

Am Ende der Mole sehe ich eine Frau im wehenden Mantel stehen. Sie schaut in den östlichen Himmel, wo das letzte Sonnenlicht die Federwolken rötlich färbt.

John sieht meinen Blick, lächelt und sagt: „It´s not Molly". Recht hat er.

„Teatime?" fragend sieht er mich an.

Als ich nicke, verschwindet er in der Pantry und kommt später mit einer Kanne Tee an Deck.

Schweigend genießen wir den Sonnenuntergang

Erik scheint den Abend nicht allein zu verbringen. Hauptsache, er ist morgen rechtzeitig zum Auslaufen wieder an Bord.

Da kommt noch eine große voll beleuchtete Motoryacht. Sie kann im vorderen Teil des Hafens längsseits festmachen, denn heute kommt keine Fähre mehr.

Die Leute, die eine Gangway herunterkommen, sind keine Wasserwanderer. Das riecht nach Geld, hier geht der Reichtum mit der Langeweile spazieren.

Es ist kein Neid, aber Vlieland ist nicht Saint-Tropez, hier fallen solche Leute auf. Es ist der krasse Gegensatz zu den Yachties, die auf ihrem Boot grillen.

Wir wenden uns wieder ernsten Gesprächen zu. John fragt mich, in welchen Häfen ich früher ein Mädchen hatte. Da kann ich ihm nicht helfen, mein lovebook habe ich zu Hause gelassen und außerdem ist es zu lange her, heute habe ich mehr Spaß am Flirten.

Also unterhalten wir uns über gute Kneipen in den Häfen und geben uns gegenseitig Tipps.

„Warst du schon im IL BUCCHIONO in Portoferraio auf Elba?" fragt er mich. Natürlich war ich schon dort, öfter, als es noch auf der Gasse stattfand und mit Live-Musik des Kochs.

„Hast du die berühmte Fischsuppe im IL BUCCINO probiert?" frage ich John. „Oh ja, great" schwärmt er.

„Und das PUPASCH in Hamburg?"

Ja, natürlich, denke ich, dort ging niemand nüchtern und allein zurück an Bord.

„Dann warst du sicher schon in der KOGGE am Stadthafen von Rostock?" frage ich ihn.
„Oh ja, tolles Seemannslokal mit Livemusik" fällt John ein. „Aber essen sollte man im BORWIN" am Stadthafen." schiebt er noch hinterher.
Da wir gerade übers Essen reden, mache ich schnell noch ein paar Schnittchen. Danach schmeckt der Whiskey wieder, irischer Whisky „Dalwhinnie" von John spendiert.

Das "Il Buccino"in Portoferraio auf Elba, in den
Reiseführen kaum erwähnt, ein Lokal buchstäblich
auf der Gasse, hauptsächlich von Einheimischen
besucht, das Essen einfach, aber sehr schmackhaft
und preiswert. Hier habe ich viele Abende und
Nächte verbracht, mit meiner Crew und den
Portoferraies bei handgemachter Musik und Wein.

Skagen voraus

Endlich unterhalten wir uns nun auch über die nächsten Pläne und welches nächste Ziel wir Erik vorschlagen wollen. Es war heute ziemlich stürmisch und wird wohl laut Wetterbericht auch so bleiben. Da ist mir das Wattenmeer und der Weg nach Harlingen zu gefährlich. Draußen auf der Nordsee fühle ich mich, wenn auch nass von Spritzwasser, sicherer. Vielleicht sollten wir über Skagen durch den Belt nach Kiel segeln. Von da aus dann durch den NOK (Nord-Ostsee-Kanal) und Brunsbüttel nach Hamburg, dem Wunschziel von John? Das ist zwar nicht der kurze Weg, aber so haben wir noch etwas Zeit bis zum Abschied in Hamburg.

Erik scheint es gut zu gehen, der Sand zwischen den Dünen ist noch warm und Mädels, die hier auf der Insel etwas erleben möchten, gibt es nicht wenige.

Ich kann mich auch noch gut an eine Strandliebe in Polen erinnern, habe sie beim Rumalbern im knietiefen Wasser kennengelernt, fünf Tage in einem kleinen Zelt am einsamen Strand weitab der restlichen Welt gelebt und geliebt. Wir hatten uns etwas Brot und Kaffee besorgt und von den Fischern, die bei Sonnenaufgang ihre Boote an den Strand zogen und geräucherten Heilbutt erbettelt. Eine große Flasche Gin hatte Magdalena aus dem Haus ihrer Mutter geschmuggelt, von der wir den Segen für unsere wilden Tage bekamen.

In den Augenblicken des frühen Nachmittags am Strand liegend, wenn bei den schon länger werdenden Schatten die Mittagshitze nachzulassen beginnt und ein erster Hauch als Vorbote der Abendbrise die Luft bewegt, fühlten wir uns unglaublich frei. Frei und unbekümmert, atemlos vor Glück. Ich denke gern zurück.

01.30 Uhr, langsam wird es Zeit, in die Koje zu gehen. Etwas entfernt raschelt der Kies am Kai und zwei Schatten, oder ist es nur einer? lösen sich aus der Dunkelheit. Ein jubilierendes Lachen, dann kommt der eine Schatten auf unser Schiff zu.

Es ist Erik und heiter ist eine dünne Umschreibung für seinen Gesichtsausdruck. Er strahlt. Wir sehen es ihm an, er würde am liebsten gleich seine Begeisterung über uns ausschütten. Aber die Müdigkeit und der Whiskey lassen den Schlaf über die Neugier siegen. Erik ist enttäuscht, aber morgen ist auch noch ein Tag.

Die Sonne und der Duft von frisch gebrühtem Kaffee kitzeln uns wach, Erik hat schon das Frühstück fertig.

„Und, war sie gut?" fragt John.

„Frag sowas nie wieder" sagt Erik lachend, „sie ist ein Tornado, wir treffen uns morgen..."

„...nächste Woche in Kopenhagen" beendet John den Satz. Genauso sieht ein enttäuschtes Gesicht aus, denke ich.

„Morgen" versucht Erik zu handeln. John und ich wir kennen dieses Gefühl, ich erst vor drei Wochen in Waterford/Irland. Also gut, morgen.

Wir beiden anderen flanieren auf der Meile vom Hafen bis zum Ort. Im Schatten der Marquise eines Caféhauses werfen wir Anker.

Ich liebe Caféhäuser, sie sind die Logen des Daseins, hat ein poetischer Geist mal gesagt.
Hier spielt sich vor unseren Augen ein grandioses Schauspiel ab, das Drama des alltäglichen Lebens.
Der Strom der Müßiggänger reißt nicht ab, dazwischen eilige Schritte, eine Frau sucht etwas brauchbares im Abfallkorb, ein alter Mann, auf 50 gesteilt, sucht ein williges Mädchen.

Schöne Frauen mit langweiligen Gesichtern gehen ohne Blick vorüber. Ein Pärchen geht umschlungen, enger geht es nicht, vorüber und sieht nichts außer sich selbst.
Zwei Matrosen der königlich holländischen Marine mit ihren flatternden Mützenbändern bummeln durch die Sonne und schauen den Mädchen nach. Da kommt wieder der Sonnenbrillenverkäufer, wie an jedem Strand. Ich handele dieses außerordentlich „originale und teure Stück" auf 10,-€ herunter. Zuerst ist er empört und geht weiter, dann kommt er zurück, steckt er lächelnd das Geld ein und geht weiter.

Da kommt schon der nächste, aber was soll ich mit Handtaschen? Ich schaue lieber über den großen Platz, der sich mit weiträumiger Eleganz in den spiegelnden Wasserflächen der Hafenbecken fortsetzt. Der Gegensatz zwischen diesen wuselnden Menschen und dem ruhigen Wasser ist so gewaltig und weckt in mir die Sehnsucht nach dem freien Meer.
„I am looking forward to tomorrow" sagt John plötzlich, ich hatte ihn neben mir fast vergessen. Ja, ich freue mich auch auf morgen.
Erik wird wohl wieder erst früh auftauchen.

Es ist sehr schön hier auf Vlieland, werde wohl irgendwann mal wiederkommen.

Der Strom der Urlauber ebbt langsam ab, wir gehen noch einkaufen und den Proviant ergänzen und da wir über 700 Seemeilen am Stück segeln wollen, müssen wir auch Frischwasser bunkern.

Ich sehe mir noch die morgige Route an und rolle mich dann in die Koje.

Der nächste Morgen, als die Sonne gerade über dem Wattenmeer aufgeht, höre ich John und Erik auf Deck arbeiten.

Die Leinen werden neu belegt, sodass wir mit der geslippten Backbordachterleine langsam im engen Hafenbecken drehen.

Durch die enge Ausfahrt mit einer 90 Grad Kursänderung nach backbord laufen wir ins Fahrwasser ein. Ein kurzer Blick zurück, tatsächlich, am Molenkopf steht eine Frau und winkt. Erik lächelt und geht dann auf das Vorschiff, die Fender zu verstauen. Er ist ein prima Kerl, ein guter Seemann und Kamerad.

Wir laufen immer noch unter Maschine, das Fahrwasser hat teilweise nur eine Tiefe von drei Metern. Als wir nach einer Stunde wieder tiefes Wasser unter dem Kiel haben, entspannen wir. Der Wind kommt uns als Halbwind gerade recht. Selten ging das Segelsetzen so flink von der Hand.

Unser Schiff nimmt sofort den Wind an, als hätte es nur darauf gewartet. Mit guten 6 – 7 Knoten segeln wir nordwärts, vorbei an den Inseln Terschelling und Ameland. In der Ferne sehen wir Seehundbänke, ein schöner Anblick.

90

Bald sollte auch der Leuchtturm „Düne" von Helgoland auftauchen.

Bei unserer Augenhöhe auf der Yacht müssten wir ihn in etwa 25 Seemeilen Entfernung, das sind gut 45 km, sehen. Voraus liegt die letzte Tonne des Trennungsgebietes Terschelling-Deutsche Bucht. Jetzt ist der neue Kurs fast genau auf die nordfriesischen Inseln gerichtet.

In Richtung Großtonne ELBE, also quer zu unserem Kurs, ist mächtig viel Verkehr. Dann sehen wir doch noch die roten Felsen von Helgoland und den Leuchtturm, der bald darauf wieder hinter der Kimm verschwindet.

Es ist ein toller Segeltag und wir sind richtig gut vorangekommen. Trotzdem werden wir bis zur Jammerbucht vor Hirtshals wohl über drei Tage brauchen, wenn der Wind nicht auffrischt.

Aber erstmal ist alles gut, es ist später Nachmittag, das Schiff läuft mit gut 6 Knoten, wir sitzen im Cockpit und atmen tief durch. Immerhin kommt der Wind aus Westnordwest, für unseren Kurs von 10° ist das perfekt.

Erik macht uns Irish Coffee, schön stark und mit etwas mehr Whiskey als normal und nachdem wir dieses himmliche Getränk genossen haben, wagt John nun doch den ersten Vorstoß: „ What´s the name of your dune girlfriend?"

„Dünenbekanntschaft", hat John gesagt. Aber Erik sieht das gelassen.

„Wer oft auf See ist und in den Häfen ein Tanzlokal meist nur einmal aufsuchen kann, lebt damit, dass jedes Kennenlernen auch ein Abschied ist. Wir haben in diesen 48 Stunden mehr gehabt, als mancher in seinem ganzen Leben. Überigens heißt sie Antonietta und sie ist Italienerin."

Nanu, soviel auf einmal hat Erik ja noch nie gesprochen.

Auch John ist verwundert und nachdenklich.

„Ja, du hast sicher recht. Als ich Joaquina in Triest kennengelernt habe, hoffte ich, es wird mehr als eine Nacht. Dass es fürs Leben sein wird, betrachte ich noch heute als absolutes Wunder, so wie jeden Sonnenaufgang." So wie ich die Beiden schwärmen höre, lehne ich mich lächelnd zurück.

Ich habe sie alle zuhause, Celina, Liv, Joaquina, Antonietta, Stella, Molly, Susan, Maud, Olive und Viola, alle in einer Person, aber flirten in fremden Häfen ist immer noch schön. Was macht der Seemann in fremden Häfen? Das Klischee sagt: saufen und das Geld zu den Frauen bringen. Heute sind die Schiffe meistens nicht mehr viele Monate unterwegs, die Arbeit an Bord ist nicht mehr so hart.

Die heutigen Matrosen sind Instandhalter, Techniker und Nautiker. Gibt es diese Kneipen aus dem Gedicht von Ringelnatz noch?

...In der Kneipe zum Südwester
Ballt sich manchmal eine Hand,
knallt ein Möbel an die Wand,
Doch in jener selben Schenke,
schäumt um einfache Getränke.
schwer umkämpftes Seemannsglück,
Die Matrosen kommen, gehen.
Alles lebt vom Wiedersehen,
ein gegangener Gast sehnt sich zurück.
Durch die Fensterscheibe träumt ein Schatten
derer, die dort einmal oder keinmal
abenteuerliche Freude hatten.

Es gibt sie noch, aber nicht mehr so krass und man muss sie suchen.
Und da es die eisernen Matrosen kaum mehr gibt, die Blauwassersegler keine Zeit dafür verschwenden, machen das die Vagabunden der Meere, die sich die hohe Zeit der Segelei zurücksehnen, die Segler aus Leidenschaft.
Natürlich suchen wir jene Kneipen, in denen wir mit Unseresgleichen trinken und reden, Seemannsgarn erzählen und auch tanzen können.
Dabei besteht der Tanz oft aus einer Kapelle, die nicht spielen kann und Paaren, die nicht tanzen können. Man hat den Trauring in der Tasche und im Gefühl die zarte Hingebung und weiß, es ist nur für heute. Das wollte uns wohl auch Erik sagen.

Der Wind flaut merklich ab, wahrscheinlich ist das Wetter morgen nicht anders als heute.

Wir bereiten uns auf die Nacht vor, die Lichter werden nochmal geprüft, die Seekarte studiert, der kurze Wachplan festgelegt und das Logbuch aktualisiert. Die Nacht kann kommen. Aber noch ist es nicht soweit. Aus dem Salon duftet es nach Erbsensuppe mit Rauchwurst, Erik hat schon das Abendessen bereitet. Er serviert uns „soupe aus pois an saucisse", als Hobbykoch braucht er diese klingenden Namen. Obwohl das Essen an Bord bei uns aus einfachen Gerichten besteht, gibt ihnen Erik gerne komplizierte Namen, wie auf Kreuz-fahrtschiffen, wo man in der Regel am Grad der Kompliziertheit feststellen kann, ob eine Seereise teuer oder eher volkstümlich ist.

Wir essen und warten auf den Sonnenuntergang, der sich ankündigt, indem allmählich das Blau entweicht und sich in der Ferne verliert. Das Licht wird weich. Sonnenuntergänge hatten wir bisher jeden Tag mindestens einen und nie verliert dieses Schauspiel an Pracht.

Meine Wache beginnt erst 20 Uhr.

Ich stehe an die Reling gelehnt und denke über das Leben nach, ohne zu einem erheblichen Resultat zu kommen. Habe in den Jahren einige zigtausend Seemeilen auf See verbracht, viele Häfen gesehen, nur Neapel noch nicht, deshalb denke ich auch noch nicht ans Sterben.

Aber das Segeln, das Riechsalz der See, brauche ich wie den täglichen Whiskey. An Steuerbord querab sehe ich die ersten zaghaften Lichter von Amrum, noch zirka 20 Seemeilen nordwärts bis zur dänischen Grenze.

An Backbord kommt ein Gegenläufer ca. 40 ft Länge vorbei und man grüßt, als ob man sich alle Tage wiedersehen könnte. Ich genieße diese watteweiche Ruhe, Zeit zum Erinnern.
Sie steckt auch Erik an, der wieder unser altes Lied anstimmt.
„I´m the son oft the son of a sailor
And I spend all me time on the sea........"

Drei Stunden später. Meine Wache beginnt. Nach Karteneinsicht und Logbucheintrag schau ich nochmal hinüber nach Sylt, die größte und nördlichste Insel Deutschlands. Die Sonne nähert sich der Kimm und die Federwölkchen färben sich rot. Wenn ich Glück habe, sehe ich noch den Leuchtturm „Rotes Kliff".

Dieser Leuchtturm ist zwar nicht mehr in Betrieb, aber immer wieder schön anzusehen. Er steht 23 Meter über NN und nur 2 Seemeilen südlich des 55. Breitengrades.
Gleich darauf kommt auch der Leuchtturm „Sylt Westellen-bogen" am Nordende von Sylt in Sicht. Er ist einer der zwei ältesten eisernen Leuchttürme Deutschlands. Deutlich ist jetzt die Kennung (Licht), ein Gleichtaktfeuer, dass sich alle sechs Sekunden wiederholt, zu erkennen.

Es ist der nördlichste Leuchtturm und gleichzeitig ist er auch das nördlichste Gebäude Deutschlands.

Wenig später hole ich die deutsche Flagge ein und setze die dänische, den Danebrog, da wir nun in dänischen Gewässern segeln. Das Wetter war heute prachtvoll, gestern war es nur herrlich, wir können voll zufrieden sein. Ich werde mir gleich nochmal den Wetterbericht ansehen, heute früh war für morgen eine Verschlechterung angesagt. Da wir ausreichend Abstand zur Küste haben und kein Positionslicht zu sehen ist, steuert jetzt der Autopilot. Das gibt mir Zeit, die Seekarte genauer anzuschauen.

Dass es mal ungemütlich wird, ist ja bei dieser Windrichtung hier oben im Norden nichts Ungewöhnliches, kann aber bitte noch bis morgen warten. John und Erik sitzen über dem letzten Funk-Wetterbericht und beraten.

Die Wolken nehmen bei Sonnenuntergang seltsame Formen an, sodass man glaubt, ein hoher Gebirgszug türmt sich auf, obwohl man weiß, da sind 3000 Meilen salziges Wasser. Es sind die Berge unseres Traumlandes und wir segeln auf einem Zaubersee in wattiger Stille.

So ist uns gerade zu Mute.

Man vergisst die schwindende Jugend mit grausamen und süßen Erinnerungen vor lauter unaushaltbarer Sehnsucht nach dem Leben. Ja, die See ist unbeständig und wandelbar, wie die Seele des Menschen, manchmal grau, manchmal wild gebauscht mit weißen Wellenkämmen und manchmal anmaßend blau und glatt. Für uns drei ist das normal, unsere Haut ist mit Salz imprägniert.

Wenn John die Segelstellung korrigiert und die Yacht sofort versteht, was er will, leuchten aus seinen Augen Leidenschaft und Bewunderung.
Noch ist die See ruhig und der Wind stetig. An steuerbord haben wir jetzt die dänische Insel Römö.
Nach weiteren zwei Stunden sollten wir die Insel Fanö sichten. Jetzt übernimmt John die Hundewache und wir gehen in die Kojen.

Es ist noch pechschwarze Nacht als ich den Wachwechsel von Erik im Halbschlaf mitkriege. „Alles i.O." übergibt John. Nach weiteren vier Stunden ohne Ereignis dämmert es und ich stehe in der Kombüse und mache Frühstück für uns. Das Brot im Toaster duftet, in der Pfanne schmurgeln sechs Eier auf Schinkenscheiben und der Kaffee ist schon in der Kanne.
Wir frühstücken und freuen uns an dieser außergewöhnlichen Ruhe. Unser Schiff schaukelt leicht in einer alten Dünung und wir dümpeln vor uns hin. Es ist, als wollte sich der Wind eine Pause gönnen. Die Flaggen hängen ermüdet unter der Saling, es scheint, als schlafen sie. Oft segelte ich im östlichen und westlichen Mittelmeer unter dem Einfluss des vorherrschenden Windes, des Nordostpassat, ein sehr sympathischer, sanfter, leicht kühler und feuchter Wind. Wenn man irgendwo auf der Welt dem Wetter trauen kann, dann ist es dort.
Hier oben sind wir im Westwindreich des flotten angenehmen Segelns. Aber wenn sich der Ostwind in Böen aufmacht, sich mit dem Westwind zu streiten, wird es unangenehm.
Ich weiß, man soll es nicht herbeireden.
Zu spät.

Auf einmal fangen die leblosen bunten Tücher unter der Saling an sich leise zu regen. Nach dem Frühstück schaue ich der See in die Augen. „Da kommt was" denke ich im Anblick der Zirrusformationen. Alle Luken werden dicht gemacht, Ölzeug, Lifebelt und Rettungsweste im Cockpit bereitgelegt.

Nicht. dass wir sie jetzt schon brauchen, aber es gehört zur guten Seemannschaft. Plötzlich hört man ein Murren, die Wasserfläche bleibt reglos und unbeteiligt.

Fern kommt ein Rumpeln und Rauschen auf, schwarze Gewitterwolken entladen sich.

Als dann eine erste Dünung einsetzt, rund und langgezogen, sind wir nicht überrascht, üppig rollende Wogen aus Nordost. Unser Schiff nimmt sie freudig an wie ein edles Vollblut am Start eines Rennens. Etwas über zehn Knoten Fahrt, nicht übel. Nordost? Tatsächlich, der Wind hat sich um 120° nach Ost gedreht.

Plötzlich schlägt die Luft wie mit einer Keule zu und ist gleich darauf wieder ein sanfter Hauch. Aber nur Augenblicke, dann ist die nächste Böe heran. Wir stecken alle drei schon längst im Ölzeug, jetzt legen wir auch die Lifebelts an und sichern uns. Kaum zu glauben, dass der Wind in einer halben Stunde von fast null auf über 50 Knoten ansteigen kann. Schwerer Sturm nennt man so etwas. Erst nur Gischtfetzen über dem Wasser, dann nach und nach brechende Wellen, immer steiler.

Unwillkürlich erinnere ich mich an den 17. September im Jahr 2007.

Damals auf dem Kvarner Golf in Norddalmatien glaubte ich meinen Augen nicht zu trauen, 68 Knoten Wind ist mehr als brutal, ist ein ausgewachsener Orkan. Nach drei Stunden hatten wir knapp 5 Meter Wellenhöhe.

Meine Crew, fast alles Trimmgewichte (Nichtsegler), tat mir ehrlich leid.

Ich habe am Rad gearbeitet wie ein Pferd und ohne meine gut ausgebildete Co-Skipperin, die die Karte lesen und bewerten kann, hätte ich sicher Probleme bekommen, da ich das Rad keinen Augenblick aus den Händen lassen konnte.

Dieses Gefühl, wenn du dein ganzes Können abrufen musst und zu bestehen, wenn das Leben von 10 Menschen von deiner Erfahrung abhängt und ein einziger Fehler katastrophale Folgen haben kann, wenn das Adrenalin die Angst verschlingt, wenn du begreifst, was du kannst.

Von achtern hatte ich die heulende Bora, von vorn ein furchtbares Gewitter, im Blick drei untergehende Yachten und weit und breit keine Leeküste, nicht mal zum Stranden, dazu im Seefunk ständige Warnungen.

Ich habe das Rauschen noch im Ohr, wie das Rauschen der großen Meeresmuscheln, vermischt mit dem Donnern der Bässe, dem Pfeifen des Windes und den Liedern der Männer, die in den Kneipen tanzen. Es war tatsächlich ein Höllentanz und wenn man dann noch diese großen Yachten sinken sieht, denkt man schon mal kurz ans Sterben, aber es muss ja nicht gerade heute sein.

Nur einmal noch, später vor Korsika, hatte ich annähernd so viel Wind.

Heute hier im Norden ist die See ist in wilder Raserei, sie bäumt sich auf und lärmt, wenn die Welle bricht, klingt es wie Kanonendonner. Die vorher blaue See ist vor Wut erbleicht und selbst die ferne Küste scheint zu ächzen unter dem Ansturm der Wellen, gut dass Erik schon vorher die Sturmfock aufgezogen hat. Ich habe mit John alle drei Reffs im Großsegel eingebunden, sodass wir jetzt die Wellen vierkant nehmen und auf der Rückseite hinunter surfen können. Ganz schön Arbeit am Rad. Nach zwei Stunden bin ich überzeugt, dass ich dieses Wetter nicht brauche. Wie schafft es Erik bloß, bei dieser wilden Jagd Kaffee zu kochen und ein paar Scheiben Brot mit harter Wurst ins Cockpit zu schmuggeln? Einfach Wahnsinn, diese Männer, bei denen ein Handschlag mehr zählt als jeder Vertrag.

Der Sturm hat uns ziemlich weit nach Westen versetzt, auf das offene weite Skagerrak. Seit zwei Tagen habe ich keine Schiffe gesehen.

Schade, wir drei segeln hier draußen wie die wildgewordenen Flaschenteufel und kein Schwein sieht uns.

Nur graue jagende Wolken über bleicher See, die uns voller Wut ihr Salz ins Gesicht schleudert, denn sie weiß, dass sie nicht gewinnen wird, wir verstehen unser Handwerk, auch wenn wir lieber hoch und warm in einer guten dänischen Kneipe sitzen würden.
Erst ein paar Stunden später hat die See ein Einsehen und macht runde Buckel, die im Laufe der nächsten Stunden flacher werden. John überträgt unseren Standort in die Seekarte und füttert das Logbuch.
Erik bringt uns einen Grog, mit ein wenig Wasser, wie er betont. Unsere Lebensgeister sind wieder da und hocken auf unseren Schultern. Da uns das Kreuzen nichts bringt, gehen wir hat an den Wind, Kurs Richtung Christiansand in Norwegen.

Wenn sich die Welle beruhigt, können wir morgen die Jammerbucht vor Skagen immer noch erreichen. 110 Seemeilen bis Hirtshals sind bei diesem Wind drin, wenn wir nicht kreuzen müssen. Jetzt stehen wir zirka 20 Meilen nördlich von Ringköbing.

In der Nacht wurde es ruhig, stetiger Westwind trieb uns vorwärts. Am Nachmittag könnten wir die „Jammerbucht" hinter uns haben.
„Lass uns in Hirtshals anlegen" höre ich John aus dem Salon rufen.
„Warst du schon mal dort?" fragte ich ihn.
„Nein, Erik auch nicht" antwortet er mir.
Ja, warum nicht, Hirtshals ist zwar ein Fährhafen, aber eine Pier zum Anlegen wird sich wohl finden. Als wir uns der dänischen Küste mit Kompasskurs 48° nähern sind wir doch froh, bald wieder mal an Land zu gehen.

Dänemark schwankt

Wieder ein Morgen und immer noch brauchbarer Wind. Gegen Mittag stehen wir schon in der Jammerbucht auf der Höhe von Lökken.

Der Schiffsverkehr an Backbord nimmt langsam zu, darunter auch Yachten, die wie wir Skagen runden wollen. Wir drehen erstmal ab und nehmen Kurs auf Hirtshals, wo wir dann neben anderen Yachten windgebeutelt und ausgekühlt einen Liegeplatz finden. Als die Leinen fest sind, hält es uns nicht länger an Bord, an Land erkunden wir den Hafen und den Ort.

Es scheint uns, als schwanke Dänemark ein wenig und mit ziemlich runden Füßen machen wir uns auf den Weg. Hirtshals ist anders als alle Häfen, die wir bisher besucht haben. Hier ist Nordjütland, mit der Weite und Offenheit der Strände ist es einmalig schön. Das erste was wir sehen: das „Fiskehus" direkt über dem Hafen.

Wir haben zwar lange kein kühles Bier mehr getrunken, aber vorher wollen wir diese kleine Stadt im Norden kennen lernen.

Hunderte von Leuchttürmen haben wir im Laufe der Jahre von See aus gesehen, sie haben uns immer zuverlässig den Weg gezeigt.

103

Der Leuchtturm von Hirtshals ist noch in Betrieb und da man ihn besichtigen kann, klettern wir hinauf, immerhin 62 Meter über dem Wasser und haben dann einen traumhaften Blick auf das Skagerrak.

Der Leuchtturmwärter gibt uns ein paar Tipps für den Nachmittag. Da drüben liegt der Tornby Strand, man sagt, es ist der beste in Dänemark. Von hier oben sieht man auch das Bunkermuseum, einst Teil des deutschen Westwalls. Wir sollten uns auch die Buried Kirche ansehen, die bis auf den Turm im Treibsand versunken ist. Und nicht zu vergessen, das Ozeanarium, es ist Nordeuropas größtes Aquarium.

Zwischendurch gewinnt wiedermal der Durst die Oberhand. Im „Lilleheden" bekommen wir unser Bier und ordentlich Tapas mit Meeresfrüchten. Darauf noch ein Bier und später noch zwei. Hier gibt es nur 0,5 Litergläser und das finden wir vernünftig. Erstaunlich, auch das fünfte und sechste schmeckt noch und Dänemark schwankt wieder ein wenig. Auf dem Weg zum Hafen kommt eine Straßenlaterne auf mich zu. Warum soll ich ausweichen, ich bin Gast in Dänemark und wenn auch meine Nase blutet, ich fühle mich wohl hier.

Später an Bord umarmen wir uns vor Begeisterung und trinken den Whiskey aus der Flasche.

Plötzlich stehen Andreas und Sabine auf der Pier.

Hallo, hier ist doch nicht Radebeul in Sachsen? Als ich sie umarmen will ist da nichts mehr, ich verliere das Gleichgewicht und stürze neben der Gangway ins Hafenbecken. John und Erik prosten mir zu, dann flucht John „Verdammt, wo ist denn die Leine, die hier immer hing?"

Beide machen sich auf die Suche und heulen vor Freude auf, als sie das Teil gefunden haben. Noch einen Schluck aus der Flasche, dann ziehen sie mich auf die Pier. Bin ganz schön nass geworden, nur wegen Sabine und Andreas.

Auf dem Weg in die Koje betaste ich meine Nase, war die schon immer so rund? Und über mir leuchtet das Kreuz des Südens. Eigenartig, was macht das hier im Norden?

Ein kühler, salziger Wind streicht durchs offene Luk. Die unverwechselbaren Geräusche des Hafens zeigen mir, dass der Tag schon lange begonnen hat.

Die Sonne lugt vorsichtig durchs Oberlicht in den Salon, es ist niemand an Bord.

Also bummle ich zum Tornby Strand und tatsächlich, da liegen die Beiden und schlafen in der Sonne. Jetzt erwacht auch langsam der Schmerz in meiner unverhältnismäßig großen Nase.

„Wer war das?" schießt es mir durch den Kopf, bis ich mich dunkel an die Laterne am Hafen erinnere.

Also kühle ich das geschwollene Teil in der Nordsee. Tut wirklich gut, ich hätte aber vorher meine Sachen ausziehen sollen. Jetzt habe ich drei nasse Hosen, deshalb laufe ich noch eine Weile am Strand hin und her in der Hoffnung, der Wind trocknet eine. Dann gehen wir drei ins „Fiskehus" zum Frühstücken.

„Ein Bier zum Hering?" fragt die Bedienung freundlich. Ein kurzer stechender Schmerz beim Schütteln meines Kopfes lässt die Dänin zögern „Ah, deutsches Bier ist besser!" sagt sie.

„Aber dänisches Bier hilft schneller" wollte ich noch sagen, da ist sie schon weg.

Der Fisch ist super frisch und schmeckt fantastisch.

„Hering satt" stand auf der Karte, das freut uns, denn auch wir sind satt geworden.

„Hirtshals ist schön, besonders nachts" sagt die nette dänische Bedienung und meine Fantasie nickt sofort bestätigend.

Ich schaue nochmal genauer hin und frage „Wo?", aber John sagt schnell „Wir laufen heute Nachmittag wieder aus". Spielverderber!

Bald darauf stehen wir im Shop und kaufen nur das Nötigste ein, denn bei richtig gutem Wind sind es zwei bis drei Tage bis Kopenhagen.

Tatsächlich sitzen wir am Nachmittag wieder im Cockpit und trinken unseren Irishcoffee. Dann fliegen die Leinen vom Poller und wir tuckern aus dem Hafen und hinter uns liegt die Jammerbucht.

Sie ist ein offenes Gewässer im Skagerrak, Teil der dänischen Nordsee und erstreckt sich von Hanstholm im Süden 100 km weit bis Hirtshals. Der Name leitet sich von „Jammer" ab, wegen der zahllosen Strandungen und dem jammervollen Tod vieler Seeleute.

Auf den breiten Stränden liegen viele Fischkutter, die mit Seilwinden oder Raupenschleppern ins Meer oder an Land gezogen werden. Die Bucht bietet ertragreiche Fischgründe.

Leuchtturm Skagen

Wegen der breiten Sandstrände blüht aber auch der Tourismus. Die meisten Strände dürfen auch mit dem Auto befahren werden. Die Küstenlinie ist jedoch durch Erosion gefährdet. Im Laufe der Jahre sind viele Gebäude ins Meer gestürzt.

Wir segeln nordwärts über die Tannisbucht nach Skagen, dem nördlichsten Punkt Dänemarks, wo nach etwas über vier Stunden auch der Leuchtturm in Sicht kommt.

Nach dem runden des Kaps geht es auf Südkurs, Richtung Helsingör, mit Schweden an der Backbordseite. 170° liegen am Kompass an und der Westwind fällt jetzt raumschots ein, moderat und stetig, für uns Zeit um uns von dem Höllenritt zur Jammerbucht zu erholen und wieder ein gepflegtes Bordleben zu genießen.

John hat uns versprochen, heute Abend schottisch zu kochen. Dazu hat er eine Unmenge geräucherten Schellfisch gekauft. Als er das Essen auf die Back bringt, schaut mich Erik etwas seltsam an, aber John klärt uns auf.

Den geräucherten Schellfisch hat er in Milch und Butter gekocht, es wurde ein ziemlich dicker Brei, in Schottland heißt das Gericht „Finnenhaddies". Dazu gibt es viel Käse und eine Schüssel Pudding.

Naja, besser als Moorhuhn. Dazu spendiert John uns eine gute Flasche Weißwein.

Herrlich, wieder auf See zu sein. In zirka 13 Stunden sollten wir Ebeltoft erreichen können.

Wir sitzen im Cockpit, das Schiff läuft ruhig seinen Kurs durchs Kattegat und wir lassen die Seele baumeln.

Werden wir uns auch in zwei, vier oder fünf Jahren wieder in Dublin treffen? Ich schaue John an, dann Erik den Norweger. Das Leben hat tiefe Furchen in ihre wettergebräunten Gesichter geschnitzt.

Zum Glück gibt es an Bord keine Spiegel, die Beiden sind gut zehn Jahre jünger als ich.

Wenn die Jahre des Lebens sich aufdröseln wie die Fasern einer ausgefransten Schnur, dann beginnt man das Alter zu spüren. Aber es ist ja so schwer aufzuhören Yachten zu führen. Hier draußen irgendwo werde ich mal meine letzte Ruhe finden.

Das ist ein tröstlicher Gedanke, aber bis dahin will ich das Leben genießen. Kein Meer ist zu salzig, kein Wetter zu schlecht, keine Kneipe zu weit und kein Mädchen zu hässlich, unsere Sorte wird nicht geboren, um im Bett zu sterben, denke ich manchmal.

„Komm, hol uns noch eine Flasche" höre ich Erik sagen, das meint er jetzt nicht ernst. Das Leben ist schön, wenn man Freunde hat und rundum nur Wasser.

Wo bleiben denn unsere schwarzen Freunde, die Schweinswale? Ich mag sie sehr. Wenn sie sich in der Weite der See einsam fühlen, kommen sie ganz nah und begleiten uns eine Weile.

Langsam und sanft kommt die Nacht, erst dieses seidige ziegelrote Licht, dann ockerbraun, blassgelb/türkis und zuletzt dunkel kristallblau.

Bis auf die vorgeschriebenen Lichter am Schiff ist alles gelöscht. Der Sternenhimmel ist eine vertraute Kuppel, die schon den Urvölkern auf See den Weg gewiesen hat.

Heute im Zeitalter der Technik schauen die meisten nur noch auf das Display des Navigators und haben kaum noch einen Blick für diesen prachtvollen Himmel.

Weit an Backbord liegt Laesö.

Es ist doch schön, dass wir Zeit haben, Zeit für diesen Törn. Eigentlich wollten wir uns ja nur in Dublin treffen und in Erinnerungen an unseren Langtörn rund Gibraltar schwelgen. Nun sind wir schon zwei Wochen wieder zusammen auf See und Hamburg ist noch weit. Wir werden Ebeltoft besuchen, gegenüber von Aarhus, von hier aus zirka 15 Stunden. Morgen Mittag könnten wir dort anlegen.

Die Nacht wird ruhig, wenig Schiffsverkehr im Kattegat. Die Wachen laufen wie gewohnt ab, nur John hat mal wieder Pech, gegen 3 Uhr läuft eine Gewitter Bö durch. Plötzlich wird die See unruhig, die Windstärke klettert auf 38 Knoten, ich helfe ihm die Reffs einzubinden und bemerke dabei eine aufgerissene Naht. Da es das zweite Reff ist, binde ich es nicht ein und nehme stattdessen das dritte Reff.

Das war wohl eine gute Entscheidung, den eine halbe Stunde später zeigt das Anemometer schon 42 Knoten an. John am Ruder hebt denn Daumen und ich lege mich wieder in die Koje. Eine halbe Stunde später beginnt meine Wache, die 08.00 Uhr endet.

Beim Wachwechsel ist es schon 2 Stunden hell, die Sturmbö ist vorübergezogen, leichte Zirruswolken kreuzen am Himmel unsere Route. Zur Frühstückszeit stehen wir auf der Position 56°N 30´E. und mittags wird die Passage Hjelm Dyb passiert, an Backbord die kleine Insel Hjelm und an steuerbord Hassensor. Nachdem wir die Halbinsel umrundet haben, liegt Kurs Ebeltoft an.

Jetzt wird es so flach, dass ich mich an Ruder streng an die mit Stangen und Pricken gezeichnete Fahrrinne halten muss, um nicht aufzulaufen.

In dem kleinen dänischen Hafen ist es nicht einfach, einen Liegeplatz zu finden.

Wir lutschen uns an eine Pier, der freie Platz ist nur 2 Meter länger als unser Schiff. Die Leinen fliegen über die Holzpfähle und als das Schiff mit dem Heck nochmal von der Pier wegdreht, hängt der morsche Pfahl außenbords. Dann haben wir es endlich geschafft und John flucht ellenlang.

Der freundlich aussehende Mann, der auf uns zu kommt, ist sicher der Hafenmeister. John will ihm gleich die Schiffspapiere mitgeben, da braucht er dann nicht mehr an die Rezeption. Als John aus dem Salon an Deck kommt, sieht er ziemlich verstört aus.

Ich höre noch, dass er den Hafenmeister fragt: „Only Pay?"

Als der den Kopf schüttelt, kommt mir ein Verdacht, John hat sämtliche Schiffs- und Versicherungspapiere in Hirtshals beim Hafenmeister vergessen.

„Ja", sagt er kleinlaut, „und auch vergessen zu bezahlen".

„Auf nach Hirtshals" ruft Erik laut lachend, er hatte gestern recht mit seiner Prognose, es würde heute ein toller Tag werden. Beim Hafenmeister erkundigt sich John nach einem Mietwagen.

Es klappt reibungslos und am frühen Abend ist John wieder von Hirtshals mit den Schiffspapieren zurück, 386 km in 4,5 Stunden.

Er grinst verlegen und das kann ich verstehen. John hat bestimmt in vielen hundert Häfen angelegt und nun vergisst er das Wichtigste, seine Schiffsdokumente.

Und kurz vorher haben wir beim Anlegen einen Festmacher umgerissen, das eingerissene Segel ist noch nicht repariert, ein toller Tag.

Andreas hat wohl recht, es gibt Tage, da geht gar nichts. Naja, fast nichts.

Und da erinnere ich mich wieder, wir haben ja noch eine Flasche Glühwein, die muss heute dran glauben. Erik hilft mir dabei, denn John ist müde und verabschiedet sich in die Koje. Wir zwei quatschen bis Mitternacht, Whisky auf Glühwein ist auch keine optimale Lösung.

Ich bin sicher, der morgige Tag wird besser.

Und ich bin froh, dass meine Koje Leesegel hat, sonst wäre ich wohl auf dem Fußboden gelandet.

Die Morgendämmerung war schon rosig getönt, jetzt erwacht der Tag mit einem strahlenden Himmel, das Gewitter hat ihn reingewaschen, es wird bestimmt ein guter Tag. Wir frühstücken, scherzen nochmal über Johns Missgeschick und gehen dann zur Tagesordnung über.

An der Rezeption hole ich drei Duschmarken in Vorfreude auf eine heiße Dusche. Wir fragen uns durch, die Duschräume sind ziemlich weit weg.

Erik flucht norwegisch und schimpft wie ein Eseltreiber, seine Duschmarke passt nicht. Ich stehe komplett ausgezogen unter der Brause, nichts tut sich.

Geht das schon wieder los? Also duschen wir kalt, geht natürlich schneller. Auf dem Rückweg frage ich in der Rezeption nach.

Wir waren nicht in der Marina-Dusche, sondern am Sportplatz. Naja, die Gebühr bekamen wir ja erstattet und eiskalt geduscht sind wir jetzt putz-munter.

Wenn wir schon einmal hier sind, müssen wir uns natürlich das Highlight des Hafens anschauen, die Fregatte „Jylland" (dt. Jütland). Die Erhaltung der maritimen Traditionen wird in Dänemark, genauso wie in England, großge-schrieben. 1994 wurde das Schiff nach jahrelanger Restaurierung hier als Museum eröffnet.

Es hat eine interessante Geschichte.

Die Fregatte wurde 1856 bis 1860 in Kopenhagen gebaut und nahm 1864 während des deutsch-dänischen Krieges am Seegefecht bei Helgoland teil. Ab 1874 wurde sie vom dänischen Königs Christian IX zu repräsentativen Zwecken genutzt. Sie wurde 1908 außer Dienst gestellt und die Abwrackung in den nächsten Jahrzenten durch verschiedene Vereine und Initiativen mehrfach verhindert. Die „Jylland" ist die letzte aus Eichenholz gebaute Schrauben-fregatte der dänischen Marine. Sie war ursprünglich mit 44 Vorderladerkanonen bewaffnet. Eine Dampfmaschine gestattete dem Schiff windunabhängig und in engen Gewässern zu manöv-rieren.

Um den Reibungswiderstand beim Segeln zu minimieren, war die Schraube aufheißbar, d.h. sie konnte mit einem Flaschenzug ins Schiffsinnere gehievt werden, eine technisch interessante Lösung. Die Besatzung bestand aus 441 Mann. Wir kamen zu der Überzeugung, dass sich ein Besuch für alle maritim Interessierten lohnt.

Am Abend bummeln wir durch Ebeltoft, diesen kleinen Ort mit malerischen Fachwerkhäusern muss man einfach mögen.

Das kleine Fachwerkhaus entpuppt sich als die urige Kneipe „Mellem Jyder".

Wir gehen natürlich zuerst hinein und dann in den dazugehörigen Biergarten, nicht dass wir Durst hätten, nein nur aus Neugier. Super das dänische Steak mit Zwiebeln und Himmelsoße, was immer das sein soll. Auch die große Weinkarte beeindruckt uns.

Wir sitzen uns fest, trinken einen guten Wein und beraten das nächste Ziel: über Kiel nach Hamburg, da sind wir uns einig. Vielleicht auch mal wieder in einem Bett schlafen, ehe wir in Hamburg für die nächsten Jahre wieder auseinander gehen.

„Erik, weißt Du noch, wie Du in Triest aus dem Auto gesprungen bist und wir ratlos zurückblieben?" fragt John an Erik gewandt.

„Ja, ein grandioser Augenblick, als ich meinen Sohn nach über fünfzehn Jahren auf der anderen Straßenseite sah, konnte ich nicht anders" erinnert sich Erik und wir freuen uns nochmal mit ihm.

John erzählt von seiner Joaquina, die ihren Job in Triest aufgab und mit ihm nach Schottland ging, die Sonne mit den nebligen Bergen tauschte.

Eine leitende Hotel-angestellte liebt einen Seemann und Weltenbummler aus Schottland, unfassbar, wenn man diese sensationelle Frau gesehen hat, wir gönnen es den Beiden.

So verging der Abend in Ebeltoft, 10 Seemeilen oberhalb des 56. Breitengrades und die folgende Nacht an Bord.

Die dänische Südsee

Am Morgen wird es nun ernst, die vor uns liegenden Meilen sind viel zu kurz um zu genießen. Für uns ist dieses Mal der Törn wichtig, nicht das Ziel. Nach dem Frühstück sitzen wir drei im Salon über die Seekarte gebeugt, die Route soll über den Kleinen Belt nach Kiel gehen.

Heute bläst der Wind wieder aus Nordwest, gleichmäßig mit Stärke 6 bis 7, hier oben hat sich eine mäßige See aufgebaut, die uns schräg von achtern schiebt. Bis zur Kleinen Beltbrücke bei Fredericia sind es fast siebzig Meilen.
„Das könnten wir in acht Stunden schaffen, wenn nichts dazwischenkommt" meint Erik.
Oh, wenn nichts dazwischenkommt, das sagt man nicht, denke ich. Gleichzeitig stehe ich auf um an Deck zu gehen und nach den Segeln zu schauen. Alles in Ordnung, ich bin beruhigt. Auf dem mittleren Deck im Windschatten des Großsegels setze ich mich nieder, nur einen halben Meter vom Schaum der weißen Bugwelle entfernt. Da ich angeleint bin, gönne ich mir im Rauschen der Welle ein kleines Nickerchen.

Beim Öffnen der Augen, ein paar Minuten oder Viertelstunden später, schäumt grünes Wasser um meine Bordschuhe, die Krängung hat zu genommen. Beim Blick nach achtern sehe ich John am Ruder stehen, gerade wie ein Baum. Seine Hände sind wie Schraubstöcke, das weiß ich, aber ob die Segel das aushalten? Das Schiff ist immerhin über 70 Jahre alt, fast so alt wie ich.

Naja, das Schiff kann es ab, aber die Segel, die sind jünger und vom Salzwasser angefressen.

Uns Männer hat das Salz imprägniert, die Gischt tropft vom Gesicht, wir brauchen das.

Plötzlich dringt ein gleichmäßiges Klatschen über mir an mein Ohr und ich habe die Worte von Erik im Ohr: „wenn nichts dazwischenkommt".

Es kommt etwas dazwischen. Die Dirk (Seil zum Anheben des Großbaumes beim Segelsetzten) hat sich um die Saling gewickelt und im oberen Block verklemmt. Verdammt, das macht uns die ganze Planung kaputt. Bei dem Wind ist eine Reparatur auf See nicht möglich, bzw. zu riskant.

Erik steht schon über der Karte.

„Samsö liegt an Backbord, keine drei Meilen. Wir könnten den Fährhafen Kolby Kas anlaufen."

John geht vor den Wind und gut zwanzig Minuten später schiebt uns die Welle in den Hafen. In Lee der Mole finden wir einen Liegeplatz. Hier liegt das Schiff ruhig.

Erik steigt in den Bootsmannsstuhl und wir ziehen ihn zur Mastspitze, wo er das Seil nach einigem Ziehen und Reißen wieder in den Block zwingt. Beim Abstieg löst er auch das Problem mit der Saling, die Dirk läuft jetzt wieder frei.

Es ist Mittagszeit, aber vorher wollen wir uns noch das Fährgebäude und die fünf Häuser des Ortes ansehen.

Keine Menschenseele zu sehen, der Wind heult um die Häuser, alles grau und trist. Auf dem Rückweg kommen wir an einem Haus am Hafen vorbei, in der offenen Tür steht eine Frau.

Sie spricht uns dänisch an. Ich zucke mit den Schultern.

„Ah, german. would you like something to eat?" fragt sie freundlich. Wir sind etwas irritiert, den nirgendwo steht ein Wirtshausschild. Aber die Dame winkt uns ins Haus. Dort heißt uns ihr Mann willkommen.

In einer sehr großen Nische des Wohnzimmers zum Hafen sind fünf Plätze eingedeckt. Unser Blick streift hinaus zum Hafen und unserem Schiff.

„You like fish?" fragt die Dame freundlich. Eifrig nicken wie alle drei. Es gibt gebratenen Kabeljau mit Kartoffeln und ein Glas Weißwein.

Sie erzählt uns, dass sie uns von diesem Tisch aus beobachtet haben, das Anlegemanöver und die Reparatur im Rigg. Und dass sich selten Yachten hierher verirren.

Als wir bezahlen wollen, schüttelt sie energisch den Kopf. Herzlich verabschieden wir uns, erstaunt und erfreut über so viel Gastfreundschaft Fremden gegenüber und ich frage mich, ob das an unserer Küste auch möglich wäre. Mit einem guten Gefühl gehen wir wieder an Bord, winken und legen ab.

Da bald der Abend naht und wir die enge Durchfahrt bei Fredericia im Dunkel meiden wollen, segeln wir Richtung Großen Belt (dän. Store belt). Bis zur Brücke über den Großen Belt von Nyborg nach Korsör sind es etwa 60 sm freies Wasser, das können wir auch nachts wagen mit dem Vorteil, bei Sonnenaufgang südlich der Brücke zu stehen und direkten Kurs auf Kiel absetzen. Also los.

„Besanschot an!" höre ich John von achtern rufen.

Erik steht am Rad und John schenkt ein.

Mit dem irischen „Sláinte" rollt der Rum über unsere Zungen, sucht sich den Weg zum Kabeljau und wärmt unsere Mägen.

Ein sympathischer Brauch aus der alten Segelschifffahrt. Wenn die schwere Arbeit getan war und die letzte Schot am Besanmast festgezurrt war, ertönte vom Skipper dieser Ruf, „Besanschot an!", wird auch heute noch gern gehört.

Die ersten Stunden bleiben wir unter der Ostküste von Fünen (dän. Fyn) und lassen uns von dem moderaten Westwind verwöhnen. Ich sitze wieder auf der Backbordseite in Lee des Großsegels, diesmal trocken. Es beginnt die „Blaue Stunde", für mich immer die Zeit, die Erinnerung an die Jahre auf See zu pflegen, an die vielen hundert Häfen, an die Mädchen, die sanften und die wilden, und an die vielen Segler-Freundschaften. Es ist dieses Gefühl der grenzenlosen Freiheit, ein Gefühl des Stolzes auf das eigene Können, wenn man bei einer schwierigen Wetterlage sicher einen Hafen erreicht.

Wenn dir nach einem gelungenen Anlegemanöver die Fischer, die Männer im Hafen oder die Segler auf den Schiffen den erhobenen Daumen zeigen, hast du nichts falsch gemacht. Oder wenn du in einem fremden Hafen von einem Segler angesprochen wirst „Wir kennen uns doch", egal ob in Dubrovnik, in Clavi/Westkorsika, in Dublin oder Porto Azzurro auf Elba oder wie erst vor kurzem in Porto San Stefano.

Die Yacht hatte als Heimathafen „Rostock" am Heck stehen und ich sprach die davorstehenden Männer an: „Weiter Weg von Rostock?"

„Nicht für uns, wir haben die Yacht in Portoferraio auf Elba gechartert, stehen kurz vor unserer Skipper Prüfung Praxis und wir denken, wir kennen sie, sie haben uns in der SKS-Prüfung Theorie in Thüringen geprüft" sagt einer der Männer. Das tut gut.

Oder eine Yacht dreht auf See plötzlich vierkant auf uns zu und alle winken, bis ich erkenne, mit ihnen habe ich vor fast zwanzig Jahren mehrere Törns gesegelt. In der blauen Stunde schleicht sich manchmal aber auch der Blues an.

Diese vielen verschiedenen Begegnungen machen mir Mut für den einen, den letzten Törn. Und vielleicht segelt mal einer zwischen Warnemünde und der Ansteuerungstonne einlaufend backbord und denkt an mich da unten, das würde mir gefallen. Auch weil ich mehr Leben gehabt habe, als die meisten anderen.

Ich hoffe nur, dass meine letzte einzige große Liebe nicht traurig und einsam ist und sich lachend an viele meiner Streiche erinnert.

So jetzt ist es dunkel und meine Wache beginnt bald. Die Zeit reicht gerade noch für einen mittelgroßen „Busmills", diesen Herzerwärmer und Seelentröster.

„Warum strahlst du so?" fragt John.

„Weil ich an einem guten Platz in guter Gesellschaft bin" antworte ich. Wir scherzen noch etwas und ich spüre, der Blues ebbt ab. Dann übernehme ich die Wache.

In den nächsten vier Stunden passiert nichts Ungewöhnliches, ich sehe an Backbord in der Tiefwasserrinne ein paar Lichter von nördlich gehenden Schiffen. Wir haben 30 Meter Wasser unter dem Kiel, einen stetigen Halbwind, einen abnehmenden Mond im letzten Drittel und einen zweiten Mond, der mich aus dem Wasser spöttisch angrinst.

Ich drehe das Rad und versuche ihn zu überlaufen, aber er weicht aus. Erst als Erik knurrend fragt „Bist du eingeschlafen?" wird mir mein albernes Treiben bewusst. Schnell zurück auf Kurs.

Der Storebelt ist hier bis zu 30 km breit und 60 m tief, durch ihn verläuft die Fährlinie Kiel – Olso.

1996 wurde ein Eisenbahntunnel eingeweiht und 1997 die 8235 Meter lange Brücke über den Großen Belt, von Nyborg nach Korsör auf Seeland. Der Mittelteil der Hängebrücke hat eine Länge von 1624 m und eine Durchfahrthöhe von 60 Metern.

Vor uns sehe ich die Ansteuerungstonnen der Brücke. Hier muss man sich vor der Durchfährt per Funk anmelden. Als wir kurz vor der Durchfahrt sind, kann man wieder diese Täuschung beobachten. Aus unserer Perspektive sieht es aus, als würde der Mast die Brücke streifen, aber die Brücke ist 40 m höher als unser Mast. Wir sind durch und ich ändere den Kurs um 30° nach Steuerbord in den Langelandsbelt.

Langsam zeigt sich ein Schimmer von Helligkeit, meine Wache ist zu Ende und John übernimmt.

Ich bereite das Frühstück vor, auch die Mug heißen Kaffee für den Sonnenaufgang. Wir frühstücken im Cockpit unter dem Großbaum. Noch 120 Seemeilen bis Kiel, bei diesem Wind mindestens 16 Stunden. Wir werden also gegen Mitternacht im Hafen sein.

Ich schlage vor in Lundeborg auf Fyn anzulegen und morgen vor Sonnenaufgang zu starten, um am Nachmittag in der Kieler Bucht zu sein. John ändert sofort den Kurs auf Lundeborg. Dieser überschaubare Ort hat einen sehr kleinen fast schon niedlichen Hafen, aber heute ist der Anleger vor der Hafeneinfahrt frei und wir nutzen das.

Denn im engen Hafen rumzugurken gefällt uns gar nicht. Hier draußen liegen wir gut.

Nach dem Anlegen bummeln wir sofort durch den Hafen. Ein Kiosk bietet Fischbrötchen aller Art. Wir lassen uns nicht bitten und greifen zu.

Neben diesem kleinen Verkaufsstand steht ein Fahrradständer mit 12 alten Fahrrädern. Auf dem Pappschilds steht „udlåne30 Kroner". Wir werfen 90 Kronen in eine Büchse und radeln los.

Bäume rechts und links der Sandwege begleiten uns und wunderschöne kleine Fachwerkhäuser. Vor einem Haus liegt ein Berg Gerümpel. Nein, ein Schildchen sagt uns:

„ Jedes Teil 20 Kronen".

Dann sehen wir einen alten Mann im Rollstuhl sitzend, auf den Knien eine Kiste mit Radieschen. Er grüßt freundlich und hebt die Kiste etwas an.

„Nein, danke, brauchen wir nicht" denke ich. Auf den flachen, sandigen Wegen radeln wir noch ein paar Kilometer und als es leicht zu regnen anfängt, zurück zum Ort.

Der Mann sitzt immer noch im Rollstuhl im Regen.

Erik legt sein Rad ab und nimmt alle Radieschen aus der Kiste und legt einen Geldschein hinein. Der Mann nickt erfreut und gleich darauf taucht eine ältere Frau auf und fährt den nassen Mann ins Haus.

John weist auf ein Schild auf der anderen Wegseite, „Bageri" (Bäckerei) steht da. Perfekt, wir brauchen doch Brot. Erik möchte vier von den hellen Broten kaufen. Die Verkäuferin schaut ihn erschrocken an und bittet ihn mit Gesten, nur eines zu nehmen, sonst hat das Dorf kein Brot. Sie einigen sich auf zwei Brote, was Erik ein paar freundliche dänische Worte einbringt.

An diesem Abend sitzen wir wie so oft im Cockpit und wissen eigentlich schon, was uns Erik zum Abend serviert. Eine kleine Büchsensuppe zum Auftakt, dann eine Weißbrotscheibe mit einem Stück harter Wurst und zum Schluss den Hauptgang, den Radieschensalat. Ein Irishcofffee bendet das Gelage.

Und da die nun halbvolle Flasche Whiskey nicht umkommen soll, bleiben wir sitzen und klönen bis es dunkel ist.

Nach vier Stunden Schlaf starten wir. Erik hat den Kaffee fertig und ich löse die Festmacher. John steuert auf den nördlichsten Punkt von Langeland zu. Ein kleines Leuchtfeuer wird ihm den Weg zeigen. Es ist das Leuchtfeuer „Frankeklint", am nordwestlichen Rand des kleinen Örtchens Hov. Leuchtturm sollte man dieses 4m hohe Bauwerk wirklich nicht nennen, es wurde 1894 auf dem 12 Meter hohen Klint erbaut und hat somit eine Feuerhöhe von 16 m. Sein rotes unterbrochenes Feuer kommt in Sicht.

Eine Stunde später runden wir Frankeklint und laufen wieder in den Storebelt ein. An der Ostseite Langelands segeln wir nach Süden. Die Sicht ist gut und wenig Verkehr in der Tiefwasserrinne. Wenn es weiter so gut läuft, sind wir am Spätnachmittag in Kiel.

Es ist 12 Uhr. Gerade haben wir unseren Mittagsimbis vertilgt und sind fast auf der Höhe des Leuchtturms „Keldsnor Fyr". Als er an der Steuerbordseite auftaucht, oberhalb des weißen Uferabbruchs, sind wir doch ob seiner Schönheit überrascht.

Ein schneeweißer, viereckiger Turm mit einer Feuerhöhe von 39 Metern, der erst 1948 elektrifiziert wurde.

Die Leeküste der Insel Langeland liegt hinter uns,
der ordentliche Westwind aus dem Flensburg Fjord
trägt uns jetzt nach Kiel. Da das Log 9 Knoten Speed
anzeigt, könnten wir etwa 18 Uhr in die Kieler Förde
einlaufen. Wir haben Glück, es ist im Augenblick
eine junge Welle, die es dem Schiff leicht macht. Das
kann in 4 bis 5 Stunden schon ganz anders aussehen.

Noch brechen die Wellen nicht und das Schiff macht
gute Fahrt. Weit vor uns sind ein paar Yachten zu
sehen. Es sieht so aus, als kämen sie aus der Schlei-
Mündung. Aus der Flensburger Förde kommt auch
noch einer angerauscht, eine ältere Ketsch. Sie liegt
auf Kollisionskurs. John schickt ihr einen Securité-
Ruf. Ich schaue mir das RADAR an und stelle fest:
keine Gefahr.
Der Andere hat so viel Speed, dass er gut vor
unserem Bug vorbeikommt. Jetzt ist er so nah, dass
ich auf sein Deck schauen kann
Zum Teufel, das ist ja auch eine „Royal Huisman".
Majestätisch rauscht sie vorbei.

Ein kurzes Winken und wir sehen nur noch ihr Heck.
Heimathafen Plymouth, steht dort.

Der Leuchtturm Kiel kommt inzwischen näher, um
uns willkommen zu heißen. Wir rauschen grußlos an
ihm vorbei, müde und hungrig.
„Wollen wir heute mal an Land schlafen? fragt John.

Warum eigentlich nicht? Am Yachthafen in Kiel-
Holtenau gibt es Hotels und Pensionen.
Der Yachthafen ist aber leider voll belegt und die
Hotels ebenfalls.
Was tun? Wir legen am Tiessenkai an. Hier kenne
ich einige von den deutschen und holländischen
Schiffern.

„Frag doch mal drüben an der Schleuse in dem roten Backsteinbau nach" sagt einer

Also bummeln wir zuerst über die Kanalbrücke und dann zurück Richtung Schleuse. Da ist ja auch schon das beschriebene Gebäude.

Ich erinnere mich wieder, hier war ich schon mal 1997 auf Empfehlung von Herrn Tiessen, als es zur Kieler Woche keine Übernachtungsmöglichkeit mehr gab.

Das Haus sah gar nicht wie eine Pension oder Hotel aus, auch heute nicht. Ich klingelte und eine freundliche Matrone öffnete.

„Übernachten wollen sie? Kommen sie vom Schiff?" Als wir bejahen, holte sie einen Schlüssel und wir konnten unsere Seesäcke mit den persönlichen Dingen im Raum ablegen, in einem sehr spartanisch eingerichteten Dreibett-Zimmer.

Was mir damals besonders auffiel, waren die runden schwarzen Drehschalter fürs Licht, wie vor hundert Jahren.

„Kein Besuch und kein Alkohol. Frühstück ab 6 Uhr" sagte die Dame streng.

„Wo sind wir hier?" fragte ich entgeistert.

„Das steht über unserer Eingangstür" hörte ich noch, dann war sie weg. Wir standen kurz darauf vor dem Haus und lasen:

„Seemannsfrauenheim Kiel"

Aus dem Auto steckten wir uns noch eine kleine Flasche Rum ein und liefen zurück zu den christlichen Damen. Als unsere Matrone die Tür öffnete und forschend die Nasenflügel blähte, murmelten wir den Gute-Nacht-Gruß und verschwanden in unserem Zimmer.

Noch einen Schluck Rum auf der Bettkante, dann kam der Schlaf. Ich schlief tief und traumlos, hatte allerdings das Gefühl, dass die Dame nachts mal im Zimmer war und mich zugedeckt hat.

Das Frühstück machte dann alles wieder wett, frische Brötchen, Eier, Schinken, Obst, Kaffee und heiße Milch, wahrhaft christlich.

Wir hatten uns artig bedankt, den kleinen Obolus bezahlt und dann einen Hafenrundgang in Kiel gemacht.

„What´s there", was es alles gibt, höre ich John erstaunt rufen. In diesem christlichen Haus können die Frauen der Seeleute warten, bis ihre Männer mit dem Schiff in die Schleuse einfahren, um dann während der Kanaldurchfahrt bis nach Brunsbüttel an der Elbe ein kurzes Wiedersehen zu feiern.

Auch wir klopfen heute an dieses kleine Backsteinhaus.

Über dem Eingang steht heute das Schild „Seemannsmission Kiel", und auch drinnen ist einiges erneuert. Naja, sind ja auch 23 Jahre vergangen.

Hungrig und durstig gehen wir nochmal zurück nach Holtenau zum Schiffercafé am Tiessenkai mit Blick auf die Schiffe. Hier ist das Essen einfach und schmackhaft, Backfisch mit Bratkartoffeln und dazu drei Bier. Für jeden.

Dann gehen wir zurück und schliefen gut, bis uns die Hausdame weckte. Das Frühstück um 06 Uhr war wieder gut und ausreichend.

Danke bis zum nächsten Mal.

Unser kurzer Hafenrundgang endete erstmal am Bahnhofs Kai, dem Liegeplatz der „Thor Heyerdahl", ein Dreimast-Toppsegelschoner. Mit diesem Schiff habe ich vor über 20 Jahren mal einen Törn gemacht, Kapitän war der Miteigner Detlef Soitzik, der mit dem norwegischen Forscher Thor Heyerdahl auf dem Schilfboot RAH als Navigator unterwegs war. Der Mann hat mir abends in der Messe von seinen Reisen erzählt und auf See habe ich viel von ihm gelernt.

Hier am Kieler Bahnhofskai kommen wir in ein kurzes Gespräch mit der Besatzung, sie bereiten sich gerade auf die nächste Atlantiküberquerung mit dem Ziel Kuba vor.

Und auch wir bereiten uns um 09 Uhr auf die Schleusung und die Kanalfahrt vor, unser Zielhafen ist Hamburg.

Hamburg, dieses Zauberwort lässt Erik und John strahlen. Sie waren früher oft hier.

Der Hamburger Hafen mit dem Pegelturm an den Landungsbrücken, abends ein besonders traumhafter Anblick. In meiner Erinnerung muss hier das „PUPASCH" gewesen sein. Hier haben wir 1998 (?) den Verein „Windjammerfreunde Maintal" zur Unterstützung der letzten noch fahrenden Windjammer gegründet. Es war nach einem Törn mit dem russischen Großsegler „SEDOV" von London nach Hamburg.

Abschied auf der Reeperbahn

Wir legen ab und warten auf das weiße Licht an der Schleuse, denn jetzt kommt erst die Kanalfahrt.

Schleuse Kiel-Holtenau

Die Zufahrt zum Nord-Ostsee-Kanal aus der Kieler Förde besteht heute aus zwei Doppelkammerschleusen. Baubeginn der kleinen Schleuse (links im Bild) war 1887, zur Einweihung 1895 durch den Deutschen Kaiser erhielt der Kanal den Namen „Kaiser-Wilhelm-Kanal". Heute ist die Kleine Schleuse nicht mehr in Betrieb.
Die Große Schleuse (rechts im Bild) wurde in den Jahren 1911 bis 19 14 erbaut und dient heute auch der Schleusung der Sportschifffahrt.

Der heutige Name „Nord-Ostsee-Kanal" (internat. „Kiel Canal") zeigt an, dass er die Nordsee (Brunsbüttel) mit der Ostsee (Kiel) verbindet.

Der Kanal ist die weltweit meist befahrene Schifffahrtsstraße. Die Schleusung selbst dauert 20 bis 25 Minuten.
Geschafft, es war doch eng in der Schleuse, da noch ein Kümo (Küstenmotorschiff) und drei Segler zur Elbe wollen. Der Kanal ist 53 sm also knapp 100 km lang, das bedeutet ca. 10 Stunden Fahrt. Vor dem Dunkelwerden müssen wir in Brunsbüttel sein, denn nach Sonnenuntergang dürfen wir als Yacht nicht auf dem Kanal fahren um Großschifffahrt nicht zu behindern.
Die Fahrt mit Maschine verläuft ohne Probleme.
Dann ist auch noch die Schleusung in die Elbe geschafft, jetzt geht es stromauf nach Hamburg. Zum Glück haben wir Flut, der auflaufende Strom schiebt uns Richtung Landungsbrücken. Um 20.20 Uhr sind wir fest.
Schon während der Kanalfahrt auf der Höhe von Rendsburg machten wir Pläne für die nächsten zwei Tage und den dann folgenden Abschied. In Hamburg wollen wir es mal wieder richtig krachen lassen, so wie früher. Ich bestehe darauf „Harry's Hafenbasar" zu besuchen.
Der Seemann Harry Rosenberg eröffnete 1952 einen Münz- und Briefmarkenladen. Das waren noch Zeiten, als Harry die Buden auf dem Fischmarkt hatte. Seine exotischen Dekorationsobjekte, Mitbringsel mit denen Matrosen ihre Heuer aufbesserten, interessierten die Kundschaft mehr und wurden der Renner. So spezialisierte er sich auf Exotica. Hier konnte ich ihn das erste Mal besuchen.

Der Eintritt betrug damals 5,-DM (heute nach 48 Jahren sind es 5,-€) und die wurden bei einem Kauf verrechnet. In den neunziger Jahren musste Harry umziehen in die große Freiheit. Auch hier habe ich einige Buddelschiffe bei ihm gekauft.

Seine Tochter Karin übernahm das Geschäft 1996. Hier gab es nicht nur Buddelschiffe, auch afrikanische Holzmasken, südamerikanische Schrumpfköpfe und alles, was Matrosen mitbrachten und zu Geld machten.

2011 wurde der Laden dann verkauft und seit 2014 ist Caro Uhde die neue Besitzerin, inzwischen umgezogen in den Schwimmkran „Greif" im Traditionshafen in der HafenCity. Auch heute würde ich ganz bestimmt dort noch etwas finden.

Hier in Hamburg soll es also sein, dass wir uns verabschieden. Beim Anlegerbier kommt so etwas wie Traurigkeit auf. John weiß sofort ein Gegenmittel:
„Kommt, lasst uns die Nacht genießen, wo fangen wir an?"
„Wo wenig Touristen sind" sagt Erik.
„Dann nach Altona" schlage ich vor. Die „Haifisch Bar" ist jetzt in der Große-Elbe-Straße.
Zweimal hab sie aufgesucht, als sie noch am Fischmarkt in der Nähe vom England Kai war und ich erinnere mich an Matjes satt und Bier. Es war mittags und der Wirt hatte während der Zeit meines Essens mehrere Telefonate in mindestens sieben Sprachen. Am Nachbartisch schlief ein Seemann. Alle halbe Stunde wurde er wach und der Wirt brachte ihm einen Schnaps. Seltsam.
Die „Haifisch Bar" ist nach Altona umgezogen.
Wir bummeln also vom Fischmarkt in Richtung Bahnhof Altona. In der neuen „Haifischbar" haben wir erst mal gut gegessen, natürlich Fisch. Zum Nachtisch brachte uns die Bedienung das hauseigene Bier „Haifisch dunkel".
Hier verkehren tatsächlich keine Touristen, nur Einheimische und Sailors. Und alles grundsolide, günstige Preise, super Bier. Für Stimmung sorgte auch die Bedienung mit einem mehrfarbigen Tattoo über dem Bauchnabel. Lustig.

Wir trinken noch drei Bier, jeder.

Dann wollen wir das Getränk wechseln, eine Straße weiter.

John will in Altona bleiben. Zielsicher geht er ein paar Straßen weiter, in den „Schellfischposten". Ursula M. ist hier die Chefin.

Kaum sitzen wir, stellt Ursula für jeden von uns ein Matjesbrötchen und dazu ein ASTRA auf den Tisch. Eine Etage höher geht die Post ab, Sankt Pauli spielt Fußball im TV und nebenan klickern die Spielautomaten. Wir versuchen es mit Whisky, dem schottischen Dalwhinnie, ein würdiges Abschieds‧getränk. Doch von Abschied will keiner von uns reden, dafür war die Zeit zu schön.

„Weißt du noch, wie wir Erik nachts aus der Irischen See gefischt haben?" fragt mich John.

Was für eine Frage, so etwas vergisst man im Leben nicht mehr. Obwohl es hier doch ziemlich laut ist, beginnt Erik zu singen: I´m son of a son of a sailor.....

Erst leise, sodass nur wir es hören können, dann immer lauter und wir summen mit.

Plötzlich steht einer der Sailors auf, geht an die Bar und kommt mit einer Flasche irischen Whiskey an unseren Tisch. Guter Einfall, denke ich noch, da kommt auch schon Ursula mit den schweren Gläsern. Der Mann hat Sommersprossen, mehr als Sterne nachts am Äquatorhimmel stehen. Nach seinem Slang zu urteilen, ist das ein Ire.

Und er singt mit, während er die Gläser füllt, etwas voller als üblich. Versuche mal beim Singen einzuschenken, gar nicht so einfach mit fast 2 %.

„Sláinte" ruft der Ire und „Cheers!" kommt es von den Jungs vom Nachbartisch. Es dauert nicht lange und die Sailors tanzen zwischen ihrem Tisch und der Bar, während Erik weiter singt. Von einem dritten Tisch schallen jetzt Shantys herüber, langsam kommt Fahrt in die Bude. Hinter uns sind plötzlich zwei tanzende Mädels, beide in schwarzen Lederhosen und Lederjacken. Die Ältere greift über meine Schulter und reißt Erik hoch, schon wirbeln sie davon. Wenn ich an Vlieland denke, werden wir Erik wohl so schnell nicht wieder zu Gesicht bekommen.

Die Jüngere kommt auf meinen Knien zu sitzen und spricht mich an. Diese Sprache habe ich noch nie gehört, aber ihre Augen sagen mir, was sie meint. „Sorry, not today". Das versteht sie und geht wieder tanzen.

Auch Erik taucht plötzlich wieder auf.

„Nicht mein Typ" sagt er grinsend. Nanu, das ist aber seltsam, ich dachte immer, sein Typ bevölkert fast die ganze Welt.

Vielleicht wollte er aber lieber mit uns trinken.

Die Geschichte von unserem ersten Törn ist schon unglaublich. Damals im schottischen Aberdeen wollte ich einfach die Gespenster meiner Niederlagen im Atlantik versenken. Damit meine ich nicht die Niederlage im Boxring der Erfurter Thüringenhalle als ich 20 Jahre alt war und im Halbfinale der Armee-Meisterschaft unterlegen war. Das war ein fairer Kampf, ich hatte nur zu wenig Erfahrung. Nein, mit Niederlagen meine ich eher den Verrat von Menschen, denen ich vertraut habe.

Deshalb wollte ich eine kleine Yacht kaufen, um auf See Ruhe zu finden.

Die See ist oft grausam, aber sie ist ehrlich und spielt dir keine falsche Freundschaft vor. Als ich John traf, hatte er gerade den Seemannsberuf an den Nagel gehängt und seine Frau Cary, eine Irin, gefunden.

Er nannte das Schiff Cary und es ist das Schiff, mit dem wir bis hierher unterwegs waren. Erst später habe ich von ihm erfahren, dass Cary in der Irischen See beim Segelwechsel über Bord ging und sie nicht so viel Glück hatte, wie Erik. Sie ertrank.

Das hat John lange nicht überwunden, denn wenn ein Seemann dauerhaft an Land bleibt, muss es eine große Liebe sein.

Er bot mir sein Schiff für meinen Törn an und ich bat ihn, mich zu begleiten. So kamen wir zusammen und Erik haben wir uns später auf dem Weg nach Dublin „geangelt", also aus der See gerettet, denn er war einhand (d.h. allein) unterwegs und in den „Bach" gerutscht.

Zwei grundehrliche Kerle und gute Seeleute haben mich begleitet, bis ich meine Alpträume besiegt hatte.

Jetzt wollen wir uns alle zwei Jahre in Dublin treffen, beim zehnten Mal werde ich 95 Jahre alt, wo auch immer.

Einen Augenblick hatte ich das Trinken vergessen. Zu Beginn unseres Langtörns vor acht Jahren haben wir getrunken um zu vergessen. Heute ist das anders, wir genießen jeden Augenblick. Da tanzt schon wieder eine blonde Langhaarige vorüber und winkt mir. Naja, einen Tanz könnte ich ja wagen, bevor Mr. Promille zuschlägt. Es ist eng und heiß, das Mädel auch. Naja, „Mädel" ist wohl nicht passend. Sie ist ganz sicher fast fünfzig, also die Generation meiner Tochter. Aber sie tanzt anders, als die Frauen, die hier zu Hause sind.
Mal schwirrt sie um mich herum, mal tanzen wir eng, dann liegt sie weich und anschmiegsam in meinem Arm. Seltsam, in diesem Augenblick freue ich mich wieder auf zu hause. Als ich ihr das verlegen beichte, zieht sie mich lachend an die Bar. Auch hier gibt es Stout, schwarz wie die Seele eines ehrlichen Blauwasserseglers. Wir trinken dazu einen Whisky, sie küsst mich und verschwindet durch eine der Türen. Nicht mal ihren Namen hat sie genannt, wozu auch, unser Moment war genau jetzt. So wie mit Molly damals in Waterfort, die auch nicht Molly hieß.
Sie sind wie Schiffe, die uns nachts begegnen. Wir sehen von fern ihre Lichter, es ist wie ein warmer Hauch, dann verschwinden sie wieder hinterm Horizont. Und uns hat es gutgetan.
„Hey John, trink schneller, heute ist gleich morgen" rufe ich ihm zu. Ursula bringt uns noch drei Stout und drei Whisky, welche Marke ist um diese Uhrzeit unwichtig.

Wir zahlen und nehmen Erik in die Mitte, er ist leicht angetrunken, hat vier Stout und mindestens sechs Whisky in den Beinen. Dabei ist er zehn Jahre jünger als ich. Wir pilgern, nein nicht auf dem Jacobsweg, zur Reeperbahn.

Ohne einen Besuch der Reeperbahn früh um zwei Uhr kann ich heute nicht einschlafen. Hier ist die Hölle los, eigenartig gekleidete Menschen sind in die nächste Bar unterwegs, eine dunkelhäutige Schönheit cremt sich die nackten Brüste ein.

Ob ich mal anfassen möchte, fragt sie.

Nein danke, ich habe keine Hand frei, muss meinen Kamerad Erik stützen.

„Aber einen Absacker trinken wir noch" sagt John bestimmt. Vor uns eine Bar, über dem Eingang geöffnete Schenkel und das Namensschild „Ritze".

Egal, wir zwängen uns rein, binden Erik mit unseren
Gürteln an einem der Stühle fest und holen uns
Getränke. Für Erik einen vierfachen Espresso, den er
empört ablehnt.
Uns tut das Bier gut, kalt und herb weckt es unsere
Lebensgeister. Als wir Erik losbinden, stürzen wir
alle drei zwischen die Tische, natürlich wegen Erik.
Draußen ist es neblig feucht. Es ist nicht weit zum
Hafen und zu Johns Schiff „Cary". Im Nebel kaum zu
erkennen schickt uns die „Rickmer Rickmers" ein
Daddeldu für eine letzte Nacht in der vertrauten
Koje.

Warum es plötzlich heller Tag ist, weiß ich nicht.

John macht schon Frühstück und Erik steckt gerade seinen Kopf in eine Pütz mit kaltem Wasser. Als er wieder auftaucht, strahlt er mich an.

Nur noch Frühstücken, dann kommt der schwere Moment. Aber es kommt alles ganz anders.

John möchte noch in Hamburg bleiben. Erik will unbedingt die wilde Lederhosige von gestern wieder treffen.

„Warum?" frage ich ihn.

„Sie hat gesagt: Bis morgen" antwortet er mir.

Ja, das ist einleuchtend, da muss er hin.

Etwas drückt mir die Kehle zu, Abschied.

Ich würde gerne noch etwas sagen, unsere Freundschaft beschwören oder einfach reden, viel und schnell.

Aber nichts kommt über meine Lippen. Gut so.

Es gibt Tage, da geht nichts.....

Bis zum nächsten Mal, denke ich. Oder bis zum letzten Törn. Eine kurze Umarmung, ein tapferes „By", ich gehe, ohne mich umzudrehen und setzte mich in den Zug nach Thüringen. Oder ich mache einen Abstecher nach Radebeul.....

Nachwort

Wahr sind nur die Erinnerungen, die wir mit uns tragen, die Träume, die wir spinnen und die Sehnsüchte, die uns treiben. Damit wollen wir uns bescheiden.

Stormy waters

Kuriose und ernste Geschichten aus meinem
Logbuch
seit Dezember 2015 im Buchhandel

ISBN   978-3-7386-4699-3

Wir segeln dem Teufel den Schwanz ab
Ein spannender Skipper-Roman
Erschienen im April 2016
ISBN 978-3-8391-8840-8

Ein seltsamer Anruf erreicht den Skipper Hans. Die junge französische Professorin für Geschichte des Altertums an der Uni Aix-Marseille, Afrah, möchte drei Wochen in der Adria auf den Spuren ihrer marokkanischen Vorfahren segeln. Stürmische Überfahrten, romantische Nächte auf See und in den Häfen wechseln sich ab. Durch seine Liebe zum Segeln schliddert er in gefährliche Situationen, bis er sich und seine Crew in der Rettungsinsel wiederfindet.

Die irische Braut

Episoden aus meinen Logbüchern
erschienen 2013

ISBN 978-3-7431-6804-6